争えば税務はもっとフェアになる

「冤罪は減らせる」

弁護士・税理士・
ニューヨーク州弁護士
北村　豊 著

中央経済社

はしがき

「おかしいぞ！」

「間違っとる！」

税務当局の指摘に納得がいかない納税者から、毎日、怒りのご相談が寄せられます。

その原因のほとんどは、事実の違いです。納税者に関する事実と、税務当局が把握した事実の違いが、怒りを生んでいるのです。

納税者は、自分に関する事実を誰よりも良く知っています。だから、税務の素人でも、税務当局の指摘がおかしいことがすぐに分かるのです。

問題は、それをどう解決するかです。


審判所に対する審査請求は、こうした事実の争いを解決するための仕組みです。しかし、十分に活用されているとはいえません。

その理由の多くは、そもそも、審査請求の実態がほとんど知られていないからでしょう。

「面倒なことに巻き込まれそうだ……」

「逆に、税務当局から睨まれるのではないか……」

こんなふうに考えて、争うことをためらってしまう納税者が、とても多いのです。税務当局の求めに応じ、税務当局の指摘どおりに、やむなく税金の申告の修正に応じてしまう。そんな納税者が、ほとんどではないでしょうか？

本書は、そんな審査請求の仕組みについて説明します。そして、最新の審査請求の成功例を、全14話の税務の冤罪ドラマとして紹介します。その中で、勝敗を決めた納税者の武器を明らかにしましょう。

審査請求により事実の争いを解決し、税務の冤罪を減らせることがお分かりいただけると思います。

あえて申し上げましょう。

「争えば税務はもっとフェアになる」

令和2年7月

弁護士・税理士・ニューヨーク州弁護士
北村　豊

［目　次］

目　次

第Ⅰ章

審査請求はこんな仕組みです

審査請求って、何ですか？

皆さんは、税務調査を受けたことがありますか？

納税者は、自分が納めるべき税金を税務当局に申告して納めるのが原則とされています。税務当局は、納税者がきちんと税金の申告をしているか、必要に応じて調査しています。

皆さんの中には、ご自身が申告した税金について税務調査を受けた方もいらっしゃるでしょう。ご親族がお亡くなりになった際に、税務調査を受けた方もいらっしゃるかもしれません。

また、皆さんが会社の税務の担当者だったら、おそらく、会社が納税者として申告した税金について税務調査を受けたことがあるのではないでしょうか。


では、税務当局から、皆さんが納めるべき税金が少ないと指摘されたことはありませんか？

そして、その指摘がおかしいと感じたことはありませんか？

また、税務調査の中で、その指摘について議論したことはありませんか？

税務当局と議論すると、指摘が撤回されることもあります。しかし、撤回されなければ、納税者が自ら申告を修正して納めるべき税金を増やすよう求められます。

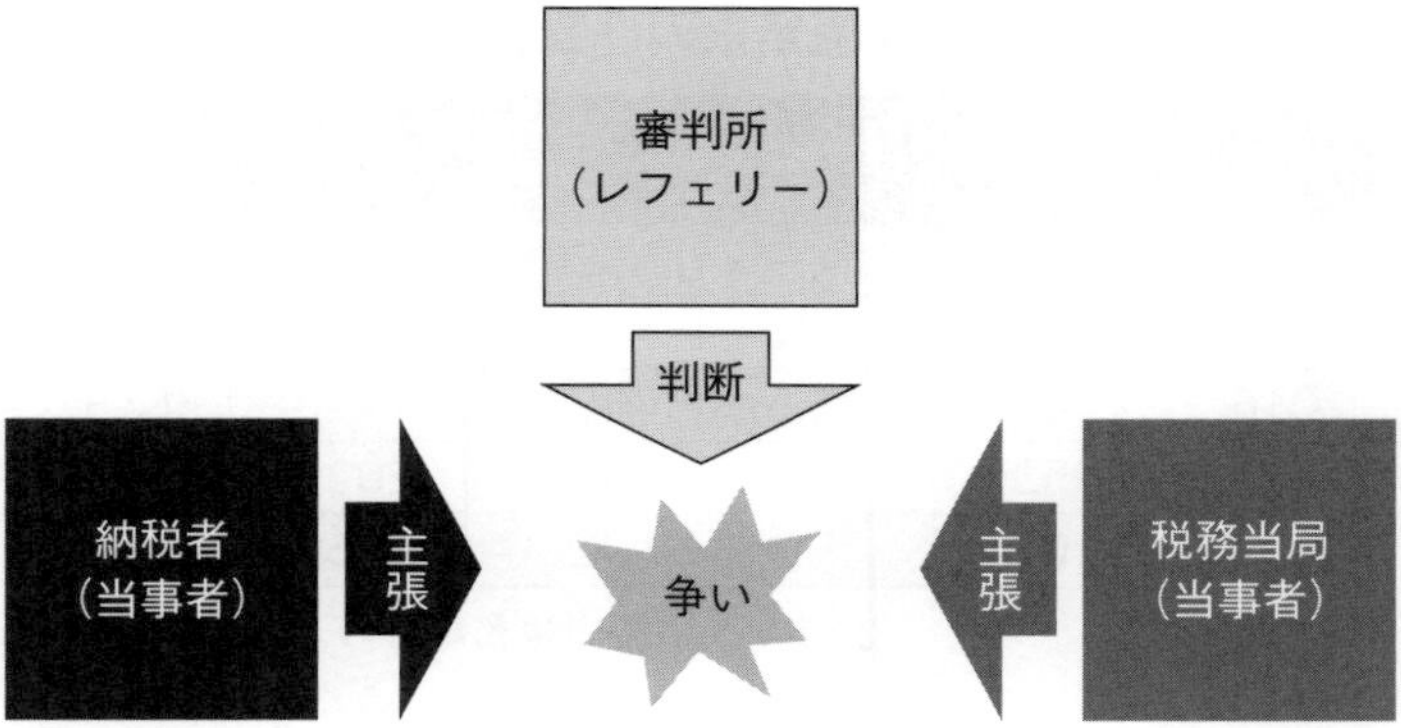

納税者がそれに従わなければ、税務当局は納税者の申告を更正し、納めるべき税金を増やす処分を下してきます。

その処分に納得がいかないとき、納税者はどうすればよいでしょうか？

そうです。ここで登場するのが、「審査請求」です。

納税者は、税務当局から納めるべき税金を増やす処分を受けたとき、その処分に納得がいかなければ、審判所に対して審査請求をすることができます。

審査請求とは、審判所という第三者のレフェリーが、納税者と税務当局の双方の言い分を聞いて判断を示す仕組みなのです。

審査請求が増えています

最近、審査請求が増えています。

税務当局の統計データによると、２０１４年は２０３０

〈表１　審査請求の件数と成功率〉

年度	審査請求件数	伸び率	処理済件数	成功件数	成功率
2014	2,030件	△28.9%	2,980件	239件	8.0%
2015	2,098件	3.3%	2,311件	184件	8.0%
2016	2,488件	18.6%	1,959件	241件	12.3%
2017	2,953件	18.7%	2,475件	202件	8.2%
2018	**3,104件**	5.1%	2,923件	**216件**	**7.4%**

（2018年度国税庁税務統計の表記を一部修正）

〈表２　税務調査による追徴税額〉

（億円）

事務年度	法人税	法人消費税	源泉所得税	所得税	個人消費税	相続税	贈与税	合計
2014	1,070	452	261	1,008	232	670	49	4,379
2015	1,592	565	435	1,074	271	583	49	4,569
2016	1,732	785	281	1,112	301	716	453	5,380
2017	1,948	748	304	1,196	322	783	57	5,358
2018	1,943	800	370	1,195	345	708	67	**5,428**

（国税庁ホームページ上のデータを元に著者が作成）

件でした。その後、一貫して増え続け、2018年には3104件となり、ついに3000件の大台を突破しました。ここ5年で、なんと1・5倍以上も伸びています（**表1**）。

なぜ、審査請求が増えているのでしょうか？

それは、税務当局が税務調査を強化しているからでしょう。

近年、税務当局は、税収を効率的に上げるため、大口で悪質と考える事案について重点的に深度のある税務調査を実施しています。

その結果、税務調査により追加して徴収した税額は、主要な税目で2018年には5428億円となりました。税目により多少のバラつきはありますが、ここ5年で1・2倍以上に増えて、プラス1000億円強となっています（**表2**）。

もちろん、財政難の日本にとっては、税務調査を強化することは必要不可欠です。真面目に税金を納めている人とそうでない人との不公平を是正するためにも、税務調査の強化はとても重要です。

しかし、税務調査を強化すると、税務当局と納税者との軋轢も必然的に増加します。処分に納得できない納税者による審査請求が増えるのは、避けられません。

皆さんは、審査請求の成功率が気になりますか？

審査請求の全部または一部が認められた件数の割合は、2018年は7・4％でした。ここ5年の平均をみても、8・6％程度です（**表1**）。

お世辞にも高いとはいえません。

これでは、審査請求をしても意味がないと思う納税者がいても不思議ではありません。

しかし、単に成功する確率だけみても大した意味はありません。成功した事例の中身に着目すべきです。実際に審査請求された事例の中には、まず勝ち目がないと思われるものも多いからです。

審査請求の全部または一部が認められた件数は、2018年には216件ありました。ここ5年の平均も、おおむね216件です。これは、毎年コンスタントに200件以上もの成功例が存在するということです（**表1**）。

そこで、本書は、公表されている最新の審査請求事例から14個の成功例を選びました。それを、納税者・税務当局・審判所という三者が登場する税務の冤罪ドラマとして紹介し、勝敗を決めた納税者の武器について考えてみました。

実は、税務の冤罪ドラマにも、刑事事件の冤罪ドラマと同じくらい、人間の喜怒哀楽が詰まっています。そして、納税者が審査請求で勝つためにはどうすればよいか、きっとお分かりいただけると思います。

審査請求は事実で決まる！

でも、忙しくて、全14話も読んでいられない方もいらっしゃるでしょう。そこで、最初に本書のエッセンスをまとめます。

ズバリ、「審査請求の決め手は何か?」

それは、事実そのものです。

審査請求は、事実で決まります。

そもそも、税金は事実で決まるのです。誰が、いつ、いくらの税金を納めるべきかは、納税者が取得した財産や行った取引などに関する事実を、税金のルールに当てはめて決めるのです。

そのため、納税者に関する事実と、税務当局が把握した事実が違っていれば、当然ながら、納税者が納めるべき税金の有無・納期・金額が変わってきます。


しかし、真実は一つのはずなのに、なぜ争いが生じるのでしょうか?

こんな刑事事件の冤罪ドラマを想像してみてください。

検事が、周りの状況から、金の延べ棒を盗んだ犯人だと目星をつけた被疑者を追い詰めて、厳しい取り調べを行い、ついに、被疑者に「私がやりました……」と自白させました。でも、本当は無実だったというようなドラマです。

真実は一つです。

取り調べを受けた被疑者は、その事実を誰よりも良く知っています。ところが、検事は、被

刑事事件の冤罪ドラマ

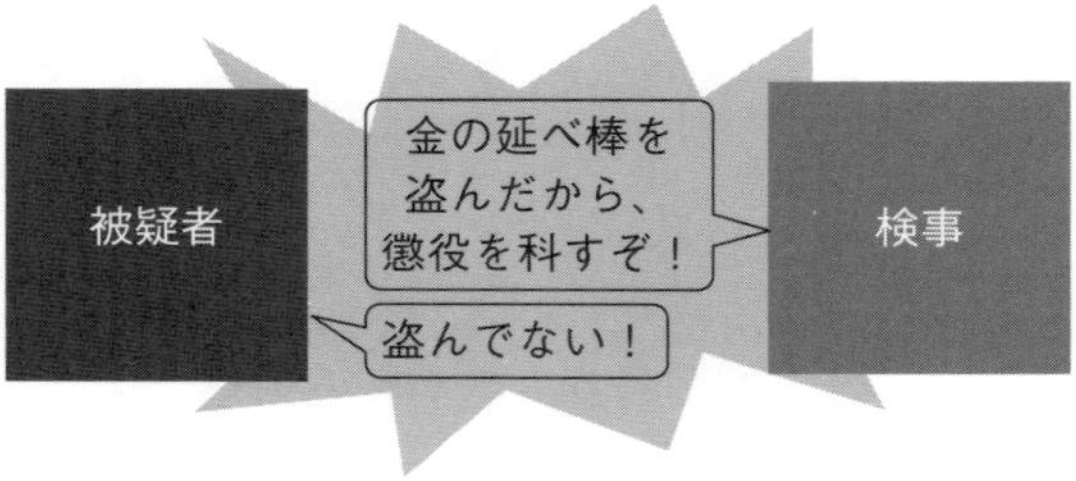
被疑者
金の延べ棒を
盗んだから、
懲役を科すぞ！
検事
盗んでない！

税務の冤罪ドラマ

納税者
金の延べ棒を
取得したから、
税金を課すぞ！
税務当局
取得していない！

疑者が犯人だという間違ったストーリーを作ってしまいました。しかも、それに沿って厳しい取り調べを行い、無実の被疑者にウソの自白をさせてしまいました。

検事は、わざと無実の被疑者を犯人に仕立てたわけではありません。これは、真実を知らない検事が、手探りで事実を調べていった結果なのです。検事は、周りの状況からこれが真実だと確信したけれど、本当は違っていたということです。

税務調査の現場でも、納税者と税務当局はしばしば対立します。納税者に関する事実と、税務当局が把握した事実との違いが争いになるのです。

たとえば、税務当局が、周りの状況から、納税者が金の延べ棒を取得したはずだと見当をつけて、厳しい税務調査を行い、ついに、納税者に税金を増やす方向で申告を修正させました。でも、金の延べ棒を取得したのは、別人だったという税務の冤罪ドラマを考えてみましょう。

税務においても、真実は一つです。

納税者に関する事実は、納税者自身が誰よりも良く知っているはずです。税務当局も、わざと事実を間違えることはないはずです。

しかし、税務当局は、真実を知りません。税務当局の目には真実のように見えたとしても、それが正しいとは限りません。残念ながら、間違いが起こることはあり得ます。

審判所に対する審査請求は、事実の争いを解決するための仕組みです。

税務当局は、税務調査で把握した事実を税金のルールに当てはめて、納税者が納めるべき税金の有無・納期・金額を決めます。そして、納めるべき税金が申告よりも多ければ、申告を更正して、税金を増やす処分を下します。

これに対し、納税者は、審査請求をして税務当局が把握した事実が間違っていると主張することができます。他方、税務当局は、あくまでも自分が把握した事実は間違っていないと反論するでしょう。

審判所は、双方の言い分を聞いたうえで、何が正しいかを決めます。もし税務当局が間違った事実に基づいて処分を下していれば、審判所は、税務当局の処分を取り消します。つまり、納税者の勝ちということです。

逆に、税務当局が正しい事実に基づいて処分を下していれば、税務当局の処分はそのまま維持されます。その場合は、納税者の負けとなります。

審判所で納税者が勝った事例のほとんどは、税務当局が把握した事実を否定しています。しかし、どうすれば、税務当局が把握した事実を否定できるのでしょうか？

審判所では、納税者が単に正しい事実はこうだと主張するだけでは勝てません。その事実が正しいことの証拠を示し、審判所を説得する必要があります。

ここに、審査請求で勝つためのヒントが隠されています。

実は、納税者に関する事実について争いがある場合、納税者にとても有利なのです。なぜなら、納税者は、自分に関する事実なので、有利な証拠に囲まれているはずだからです。

納税者は、その事実が真実である限り、それをうまくストーリーで説明できるはずです。そのストーリーに合致する客観的な証拠も、たくさん提出できるでしょう。そのストーリーどおりに証言してくれる関係者も、大勢いるでしょう。審査請求が始まった後から、有利な証

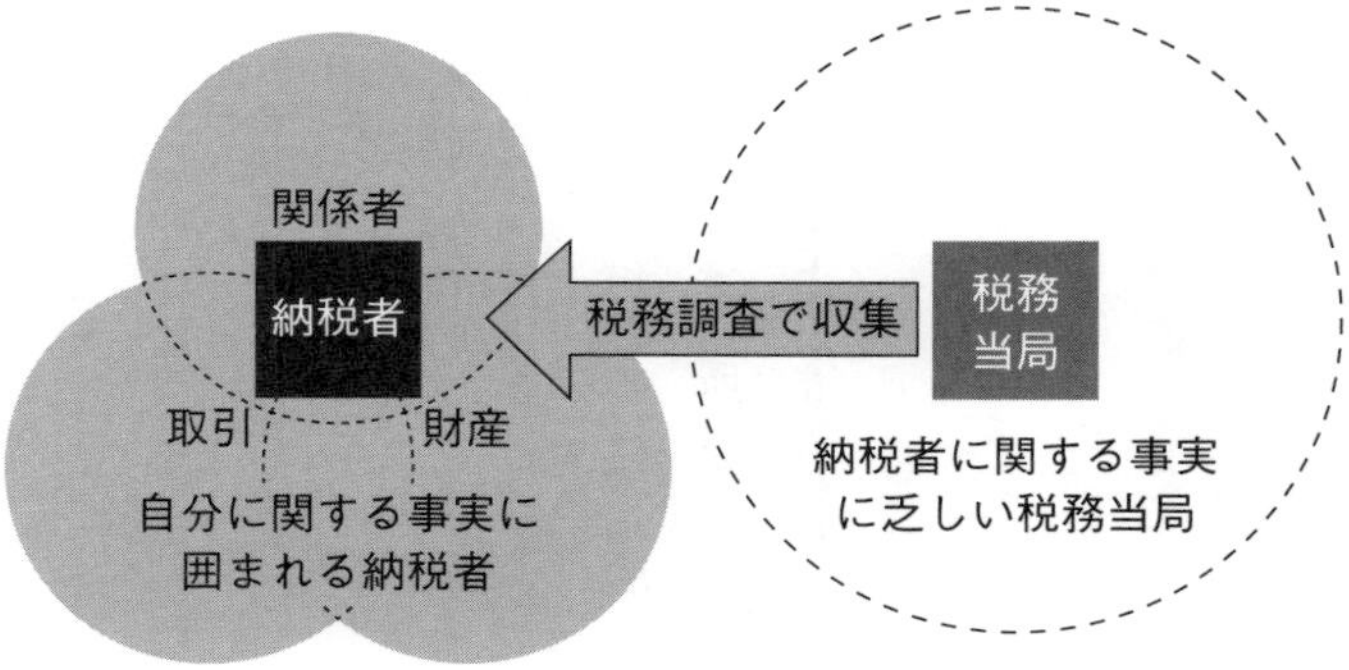

拠をどんどん後出しすることもできます。

他方、税務当局は、もともと納税者に関する事実を知りません。

限られた税務調査の期間中に、限られた証拠をもとに、限られた人数で調査をし、把握した事実をうまく説明できるストーリーを検討することを迫られます。しかも、いったん審査請求が始まると、新たに証拠を集めるのが難しくなります。

審判所は、納税者と税務当局のどちらのストーリーがより合理的で自然であるかを検討して、何が正しい事実であるかを決めます。

「どちらのストーリーが、客観的で動かし難い事実をうまく説明できるか？」

「どちらのストーリーが、より多くの客観的な証拠と合致しているか？」

「どちらのストーリーが、より多くの関係者の証言と一致しているか？」

審判所は、こういった検討を重ねたうえで、何が正しい事実であるかを決めるのです。そして、どちらともいえない場合は、原則として税務当局に不利に判断します。

これで、なぜ納税者が有利か、お分かりいただけたでしょうか？

納税者に関する事実について争いがある場合、納税者は審査請求をとても有利に進めることができるのです。

なお、審判所は、事実の争いだけでなく、税金のルールの争いも審理することができます。納税者と税務当局とで税金のルールの読み方が違うために、争いになることもあるのです。

しかし、税金のルールの争いで納税者が審判所で勝った事例は、ほとんどありません。

それは、審判所も広い意味では税務当局の一部だからかもしれません。

いったんこれまでの税務当局による税金のルールの読み方を覆してしまうと、他の事案への影響が大きいので、審判所としてはなかなか踏み込みづらいのでしょう。

これに対し、事実の争いであれば、他の事案への影響も限定的で、審判所も目の前の争いの解決に徹することができます。そのため、審判所にもフェアな判断を期待することができます。

その意味で、審査請求は、事実の争いを解決するのに有効な仕組みと理解しても良いでしょう。

審査請求はこんなふうに進みます

税務の冤罪ドラマを始める前に、審査請求の進み方について、簡単に見ておきましょう。審査請求の出発点は、税務当局の処分です。税務当局が、納税者が納めるべき税金を増やす処分をしたことを通知してきたとしましょう。

納税者は、通知を受けた日の翌日から3か月以内に、審査請求をすることができます。その場合、納税者は、審査請求をする理由などを書いた審査請求書を審判所に提出します。

これに対し、税務当局は、処分をした理由などを書いた答弁書を審判所に提出します。その後、お互いに反論書や意見書を出し合って、書面を通じた議論を続けます。同時に、自分の主張の裏付けとなる証拠も、審判所に提出していきます。

審判所は、これらが一段落したところで、審理手続を終結します。そして、審査請求からおおむね1年以内に、裁決という形で判断を下すのです。

もし、納税者が勝てば、その裁決は確定します。負けた税務当局は、裁判所に税務訴訟を提起して引き続き争うことはできません。逆に、納税者が負けた場合は、裁判所に税務訴訟を提起して、さらに争うことができます。

なお、税務当局が処分を下したとき、納税者は、処分を下した税務当局自身に対し、再調査をするよう請求することもできます。その場合、税務当局は、もう一度検討したうえで処分を取り消すかどうかを判断します。

しかし、判断をするのが処分を下した税務当局自身なので、処分が間違っていることが明白である場合は別として、処分の取消しはあまり期待できないでしょう。

ところで、納税者が裁判所に税務訴訟を提起したら、どうなるでしょうか?

税務訴訟は、納税者が審査請求をした後でさらに訴えを提起したとき、裁判所という第三者のレフェリーが、納税者と税務当局の双方の言い分を聞いて、判断を示す仕組みです。

裁判所は、事実の争いだけでなく、税金のルールの争いも解決できます。

裁判所は、審判所とは異なり、完全に第三者のレフェリーといえるからです。他の事案への影響を気にして、これまでの税務当局の読み方をそのまま踏襲することはありません。実際に、税金のルールの争いで納税者が勝った事例が存在します。

でも、税務訴訟も事実で決まることが多いことは、知っておきましょう。

また、税務当局の統計データによると、2018年の税務訴訟の提起件数は181件でした。納税者が勝った件数はわずか6件であり、成功率は3・4%でした(**表3**)。

審査請求の進み方

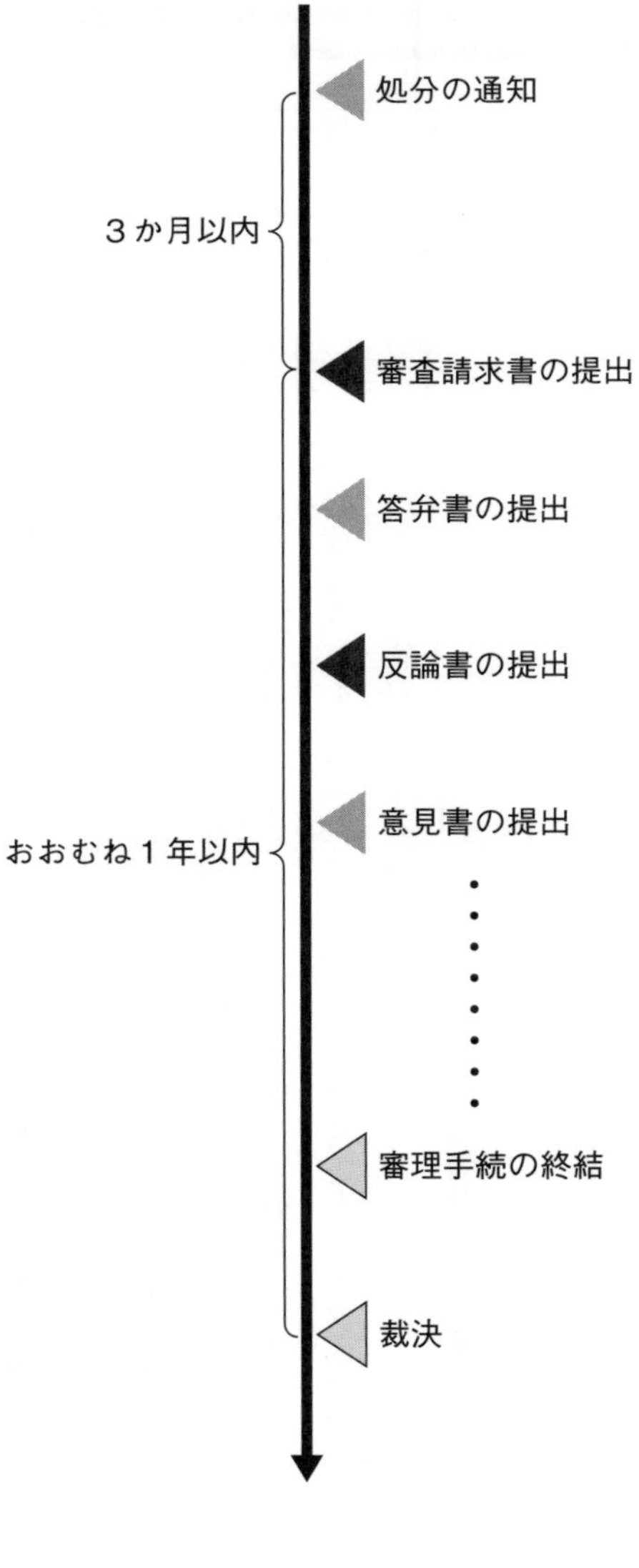
処分の通知
３か月以内
審査請求書の提出
答弁書の提出
反論書の提出
意見書の提出
おおむね１年以内
審理手続の終結
裁決

〈表３　税務訴訟の件数と成功率〉

年度	訴訟提起件数	伸び率	訴訟終結件数	成功件数	成功率
2014	237件	△18.3%	280件	19件	6.8%
2015	231件	△2.5%	262件	22件	8.4%
2016	230件	△0.4%	245件	11件	4.5%
2017	199件	△13.5%	210件	21件	10.0%
2018	**181件**	△9.0%	177件	**6件**	**3.4%**

（2018年度国税庁税務統計の表記を一部修正）

もちろん、税務訴訟についても、審査請求と同様に、単に成功する確率だけで判断するのではなく、成功した事例の中身に着目するべきです。

もっとも、毎年２００件以上もの成功例が存在する審査請求と比較すると、税務訴訟と審査請求とでは、成功例の絶対数が違います。税務訴訟で救われる納税者よりも、審査請求で救われる納税者のほうが、圧倒的に多いのです。

また、税務訴訟をするにしても、まずは審査請求をすることが必要とされています。審査請求は、税務をもっとフェアにするための手続の入口なのです。

そのため、本書は、あえて税務訴訟ではなく、審査請求をメインステージとしています。

それでは、いよいよ、全14話の税務の冤罪ドラマを始めます。

最後までお付き合いいただけますと幸いです。

第Ⅱ章

最新の成功例が示す武器（財産編）

本章では、審判所のホームページで公表されている平成30年分から令和元年分までの審査請求事例から、納税者が取得した財産に関する成功例を7つ選びました。

財産編の主人公となる納税者は、ヒトです。

第1話

分別管理を武器とした事例

国税不服審判所裁決令和元年6月27日

納税者が取得した財産

第1話の納税者は、平成26年12月に亡くなったお父さんの子供です。

納税者は、お父さんが亡くなるまでは、お父さんが営む病院で働いていました。納税者とお父さんは、それぞれ自分名義の預金口座を有しています。

納税者は、平成23年4月と平成24年10月に、お父さんからカネを受領しました。このカネは、お父さん名義の預金口座から引き出され、納税者名義の口座に振り込まれました。

これとは別に、納税者は、平成23年12月と平成24年12月に、お父さんからカネを贈与されました。

ヒトは、ある年に他のヒトから贈与された財産に課される贈与税を、翌年の3月15日までに申告して納める必要があります。

贈与とは、ヒトが自分の財産をタダで他のヒトにあげるという意思を伝え、その他のヒトが

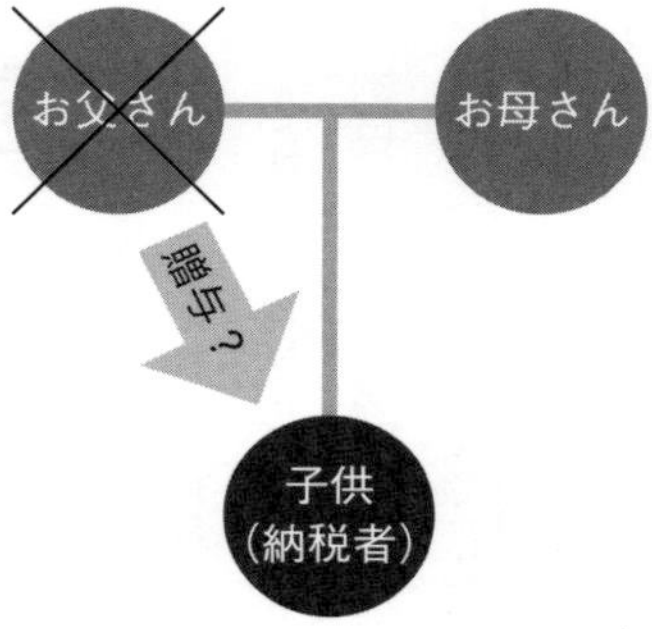

それをもらうという意思を伝えることで効力が生じます。ただし、1年間に贈与された財産の合計が110万円以下であれば、贈与税はかかりません。

納税者が平成23年12月に贈与されたカネは110万円以下でしたが、平成24年12月に贈与されたカネは110万円を超えていました。

そこで、納税者は、平成24年12月に贈与されたカネについて、贈与税の申告をしました。

しかし、ここで話は終わりませんでした。

税務当局が下した処分

「他にもらったカネはないか？」

税務当局は、平成23年と平成24年のカネの流れを調べました。

そして、平成23年4月と平成24年10月にも、お父さん名義の預金口座からカネが引き出され、納税者名義の預金口座にカネが振り込まれているのを発見しました。

納税者とお父さんとの間には、カネの貸し借りに関する契約はありませんでした。そのため、このカネの受渡しは、お父さんから納税者への贈与だと税務当局は考えました。

お父さんは、カネをあげるという意思をはっきりとは伝えていなかったかもしれません。でも、それは、お父さんと納税者との間のいわずもがなの了解事項だったと考えたわけです。

そこで、税務当局は、平成23年4月と平成24年10月に振り込まれたカネについても、新たに贈与税を課す処分をしました。

「それは、贈与じゃないよ！」

納税者は、平成23年4月と平成24年10月に振り込まれたカネは、お父さんからもらったものとは考えていませんでした。

納税者は、本来、お父さんがするべき医療業務である、医療関係者との交渉や接待、会議への出席などを、お父さんの代理人として行っていました。それで、その際立て替えて支払った費用を精算してもらったのでした。

それに加えて、今後、お父さんの代理人として行う業務で立替払いするであろう費用の前渡しも含まれていました。

つまり、このカネの受渡しは、お父さんが納税者に対しカネをあげるつもりで渡したものではなく、納税者がお父さんからカネを贈与としてもらうつもりで受け取ったものでもありませんでした。

そうすると、このカネの受渡しは贈与ではないので、贈与税もかからないはずです。

そこで、納税者は、審査請求に踏み切りました。

審判所が示した判断

さて、審判所は、どう判断したでしょうか？

贈与とは、先ほど見たように、あるヒトが自分の財産をタダで他のヒトにあげるという意思を伝え、その他のヒトがそれをもらうという意思を伝えることです。

ただし、厳密には贈与そのものではなくても、税負担の公平を図る観点から、贈与とみなして、贈与税が課される場合があります。

すなわち、贈与でなくても、実質的に贈与と同様の経済的利益が生じるときは、取得した財産について贈与により取得したものとみなして贈与税を課すことが定められています。

そのため、審判所は、納税者にこのカネの移動によって実質的に贈与と同様の経済的利益が生じるときは、贈与税を課すべきであると指摘しました。

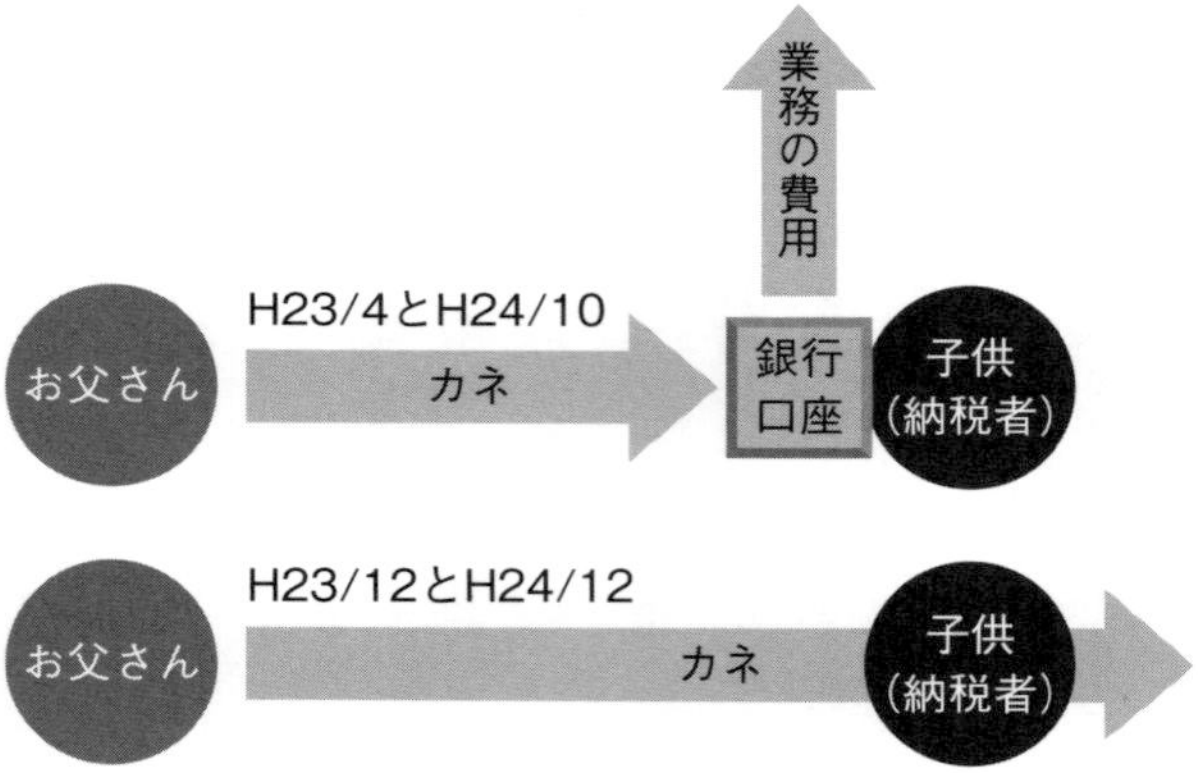

次に、審判所は、平成23年12月と平成24年12月の贈与と、平成23年4月と平成24年10月のカネの受渡しについて検討しました。

納税者は、平成23年12月と平成24年12月の贈与により取得したカネを、納税者名義の預金口座に入金することなく、使っていました。

そして、贈与により取得したカネのうち、1年間の合計が１１０万円を超える部分については、きちんと贈与税の申告をしていました。

他方、平成23年4月のカネの受渡しについては、お父さんが口座振込の手続を行っており、平成24年10月のカネの受渡しについては、お母さんが口座振込の手続を行っていました。

納税者は、納税者名義の預金口座を支払口座とするクレジットカードを保有し、業務関連の支払や、ホテル利用料金・飲食代金・ネット購入代金などの支払に使用していました。

納税者は、お父さんの指示により月1回から2回程度の頻度で開催される医療専門団体の会議に出席しており、その交通費や私的な費用の支払にこのカードを使用していたのです。

つまり、納税者名義の預金口座は、お父さんの指示により行った業務に関連する費用の支払口座となっていたわけです。

そうすると、お父さんは、自分の指示に基づいて医療専門団体の会議に出席した際の、納税者の交通費などの費用を負担する目的で、このカネの受渡しを行っていたとみるのが自然です。納税者に、実質的に贈与と同様の経済的利益が生じていたとはいえません。

したがって、審判所は、このカネの受渡しにより、納税者が贈与により財産を取得したとみなすことはできないと判断して、贈与税を課す処分を取り消しました。

納税者が用いた武器

本件において、納税者が用いた武器は、財産の分別管理です。

争点は、平成23年4月と平成24年10月のカネの受渡しが贈与にあたるかどうかでした。

税務当局は、納税者とお父さんとの間でカネの貸し借りに関する契約がないから、カネをあげることについて、いわずもがなの了解があったと主張しました。

しかし、カネの貸し借りに関する契約がないという事実のみから、カネをあげることについていわずもがなの了解があったとするのは、かなり無理があります。

税務当局は、厳密には贈与でなくても、実質的に贈与と同様の経済的利益が生じるから、振り込まれたカネを贈与により取得したものとみなすべきだとも主張しました。

しかし、お父さんは、自分の指示により納税者が医療専門団体の会議に出席した際の交通費などを負担する目的で、カネの受渡しをしていました。

納税者は、振り込まれたカネを特定の預金口座で管理しており、お父さんの指示により行った業務に関する費用は、そこから支払うこととしていました。

また、それとは別の機会に贈与されたカネについては、この預金口座に入金されたカネとは分けて管理していました。

そのため、実質的に贈与と同様の経済的利益が生じるという主張も否定されました。

このように、財産の分別管理を武器に、カネの受渡しは実質的にも贈与ではないという事実を決めたことが、本件の勝因といえます。

もし、納税者が、お父さんからもらったカネと立替払いした費用の精算で受け取ったカネを一つの預金口座にプールしていたら、どうなっていたでしょうか？

カネには、色はありません。どんな目的で受け取ったカネなのか、うまく説明しないと理解されないかもしれません。

特に、費用の前渡しとして受け取ったカネについては、費用を立替払いする前に受け取っているので、もらったカネなのかそうでないのかの区別が難しくなるでしょう。

本件では、お父さんも亡くなっているので、カネを渡したお父さんに証言してもらうこともできないところでした。

しかし、納税者は、お父さんからもらったカネと立替払いした費用の精算で受け取ったカネを分けて管理していたので、審判所での説明が容易になりました。

親族間では、実際上、いろんな目的でカネの受渡しが行われることがあります。

その際に、もらったカネとそうでないカネをきちんと分けて管理しておくと、将来、カネをもらったかどうかが争いになったときに役に立ちます。

第❷話

財産管理メモを武器とした事例

国税不服審判所裁決平成30年8月22日

納税者が取得した財産

第2話の納税者は、お母さんと息子と娘です。お父さんは、平成26年12月に亡くなり、納税者3名が相続人となりました。

ヒトは、相続により取得した財産に課される相続税を、その相続の開始があったことを知った日の翌日から10か月以内に申告して納める必要があります。

そこで、納税者3名は、お父さんからの相続により取得した財産について、相続税の申告をしました。

問題となったのは、昭和62年6月から平成4年7月までの間に、息子名義の預金口座に入金された合計5000万円のカネの取扱いです。

このカネは、主に、上場株式を購入するために使われました。そして、購入した上場株式は、お父さんが設立した資産管理会社に対し、息子名義で出資され、資産管理会社から息子名義の

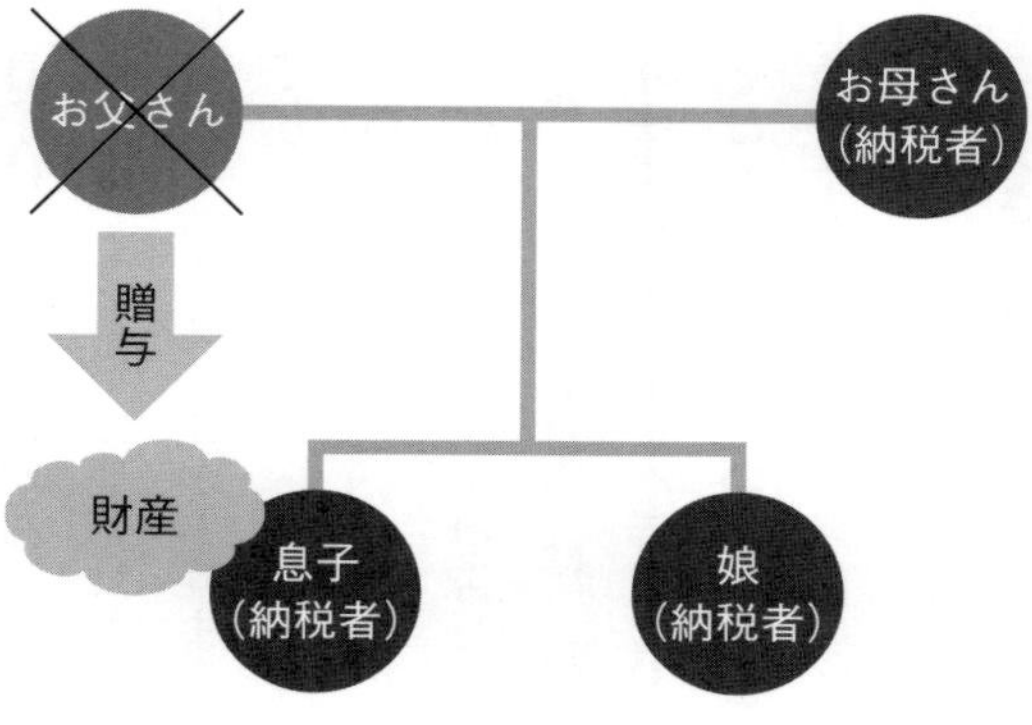

株式が発行されました。

この預金口座の預金通帳と届出印は、平成2年から平成18年までの間は、お父さんの自宅の金庫に保管され、預金通帳の記帳はお父さんによって行われていました。

しかし、平成18年からは、息子が、この預金口座の預金通帳と届出印を、息子の自宅で保管するようになりました。

資産管理会社は、平成13年以降、株主に対し配当金を支払っていました。

ヒトは、ある年に稼いだ所得に課される所得税を、翌年の3月15日までに申告して納める必要があります。

そのため、息子は、少なくとも平成21年分以降は、資産管理会社からこの預金口座に振り込まれた配当金を自分の所得に加えて、所得税の申告をしていました。

息子は、自分名義の資産管理会社の株式は、自分のものだと思っていました。したがって、相続税が課されるお父さんの財産には含めていませんでした。

税務当局が下した処分

「いつ株式が贈与されたんだ?」

息子は、お父さんから、資産管理会社の株式を贈与されたはずだ、と税務当局は考えました。ヒトは、ある年に他のヒトから贈与された財産に課される贈与税を、翌年の3月15日までに申告して納める必要があります。

でも、申告期限から6年が経過すると、税務当局は贈与税を課すことができなくなります。税務当局は、息子が、少なくとも平成21年分以降は、資産管理会社の株式の配当金を自分の所得に加えて所得税を申告していることに気づきました。

「遅くとも平成21年には、息子に贈与されていたといわざるを得ないか……」

税務調査を開始した時点で、既に申告期限から6年が過ぎてしまっていました。そこで目を付けたのが、最初に息子名義の預金口座に入金されたカネだったのです。これが、上場会社の株式になり、さらに、資産管理会社の株式に姿を変えていたからです。

「このカネは、もともとお父さんのものだったはずだ」

「お父さんは、このカネを、息子に対して贈与した証拠はない」

「そうすると、お父さんは、息子に対しこのカネの返還を請求する権利を有しているはずだ!」

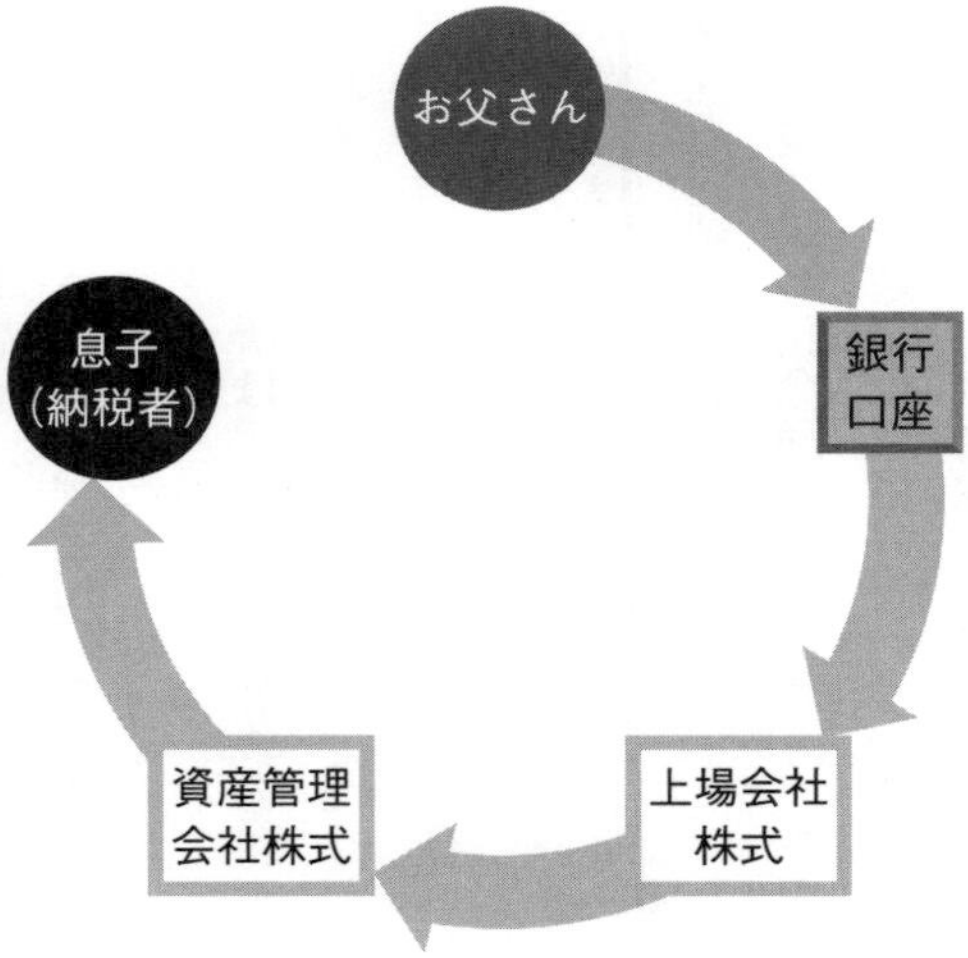

税務当局は、そう考えました。
そこで、このカネの返還を請求する権利を、相続税が課される財産に加えるべきであったとして、相続税を増やす処分をしました。

「そんなはずはない！」

息子は、お父さんから、このカネの原資を幼い頃より一貫して贈与されてきたので、お父さんは、カネの返還を請求する権利など有していないと考えていたのです。

そこで、納税者は、審査請求に踏み切りました。

審判所が示した判断

さて、審判所は、どう判断したでしょうか？

まず、財産が誰のものかを決めるにあたっては、もちろん、その名義が重要となります。でも、他人名義で財産の取得をすることも、特に親族間においてはみられることです。
そこで、その財産の原資を出したのは誰か、その財産を取得することを決めて、実際に手続を行ったのは誰か、その管理運用を行っていたのは誰かなどを総合して判断すべきとしました。その名義と実際に管理運用している者との関係を検討すべきということです。

次に、審判所は、この息子名義の預金口座に入金されたカネが誰のものかを検討しました。お父さんは、昭和59年以降、少なくとも平成7年までの間、自分と息子とお母さんと資産管理会社の名義になっている財産と負債の年ごとの状況について、財産管理メモに記録していました。

昭和59年以前から平成17年11月までの間、この預金口座の預金通帳に、入金原資や出金後の使途も記載していました。

預金口座の預金通帳と届出印も、少なくとも、平成2年から平成18年までの間は、お父さんの自宅の金庫に保管され、預金通帳の記帳や入出金の記載もお父さんが行っていました。

したがって、平成18年に預金口座の預金通帳と届出印を息子が管理するようになるまでは、預金口座に入金されたカネについて、お父さんが管理運用していたものといえます。

また、多額の財産を有していたお父さん以外に、5000万円ものカネを用意した人はいないことから、カネの原資はお父さんのものであったとみるのが自然です。

そうすると、このカネはお父さんのものであり、息子名義の資産管理会社の株式も、このカネが姿を変えたものであるから、お父さんのものであったと審判所は判断しました。

もっとも、平成18年以降は預金通帳と届出印を息子が自身で管理するようになりました。また、息子は、少なくとも平成21年分以降は、所得税が課される所得に、資産管理会社の株式の配当金を加えて申告してきています。

そのため、審判所は、平成18年頃に、資産管理会社の株式はお父さんから贈与により息子に移転したものと判断しました。

そうすると、お父さんがこのカネの返還を請求する権利は、存在はおろか発生していたとすらいえないということになってしまいます。

そこで、審判所は、相続税を増やす処分を取り消して、納税者に軍配を上げました。

納税者が用いた武器

本件において、納税者が用いた武器は、お父さんが記録していた財産管理メモです。

争点は、息子名義の預金口座に入金されたカネは誰のものかでした。

税務当局は、息子名義の資産管理会社の株式については、贈与税を課す期限が過ぎてしまっていることから、資産管理会社の株式に姿を変える前のカネを捕まえようとしました。そして、このカネについては、お父さんから息子に贈与されたという事実を確認できないことから、お父さんに返還請求権があるはずだと考えたわけです。

しかし、お父さんは、自分名義の財産だけでなく、家族名義や資産管理会社名義にしていた財産も含め、財産の管理に関する記録を克明に残していました。

もちろん、その記録の中には、息子に対し返還を請求する権利がある預け金があるといった記載はありませんでした。

そこで、審判所は、息子名義の預金口座に入金されたカネの管理状況や、その原資などを検討した結果、そのカネはそもそもお父さんのものであるという結論に達したわけです。

このように、お父さんの財産管理メモを武器に、返還請求権は発生さえしていないという事実を決めたことが、本件の勝因といえます。

相続税が課される財産は、もともと、亡くなった方のものです。そのため、亡くなった方のものであった財産の範囲を確定させることが必要です。

この財産の確定は、実務的にはとても面倒な作業となることが少なくありません。その財産のことを最も良く知っている人が、この世にいないからです。

しかも、財産が誰のものかは、名義だけでは決まりません。その取得の原資を出したのは誰か、その財産を取得することを決めて、実際に手続を行ったのは誰か、その管理運用を行っていたのは誰かなどを総合して、その財産が誰のものかが判断されます。

それも、最近の財産の管理状況だけでなく、20~30年も前の財産の管理状況が問題となることもあります。そうなると、財産の管理状況の手がかりさえないということが起こります。

そんなとき、亡くなった方の財産管理メモが出てくると、財産の確定作業はとてもはかどります。それを手掛かりに、亡くなった方の財産の管理状況を推測できるからです。

財産管理メモの作成は、相続税対策の第一歩となることを知っておきましょう。

第3話

債務の支払を拒否する理由を武器とした事例

国税不服審判所裁決平成31年4月19日

納税者が取得した財産

第3話の納税者は、お母さんと子供3名です。お父さんは、平成25年8月に亡くなり、納税者4名が相続人となりました。

納税者4名は、相続により、お父さんが所有していた土地と家屋を取得しました。でも、お父さんから引き継いだものはそれだけではありませんでした。

お父さんは、平成25年2月に、請負会社との間で請負契約を締結し、所有する土地の上に請負代金1億5000万円でアパートを新築するよう発注していました。

この請負契約には、お父さんが契約を解除した場合、請負会社は、違約金600万円を請求できることが定められていました。請負会社が内金として受領した100万円を違約金に充当することも定められていました。

お父さんは、平成25年5月、請負会社に対して、請負契約を解除すると伝えました。また、

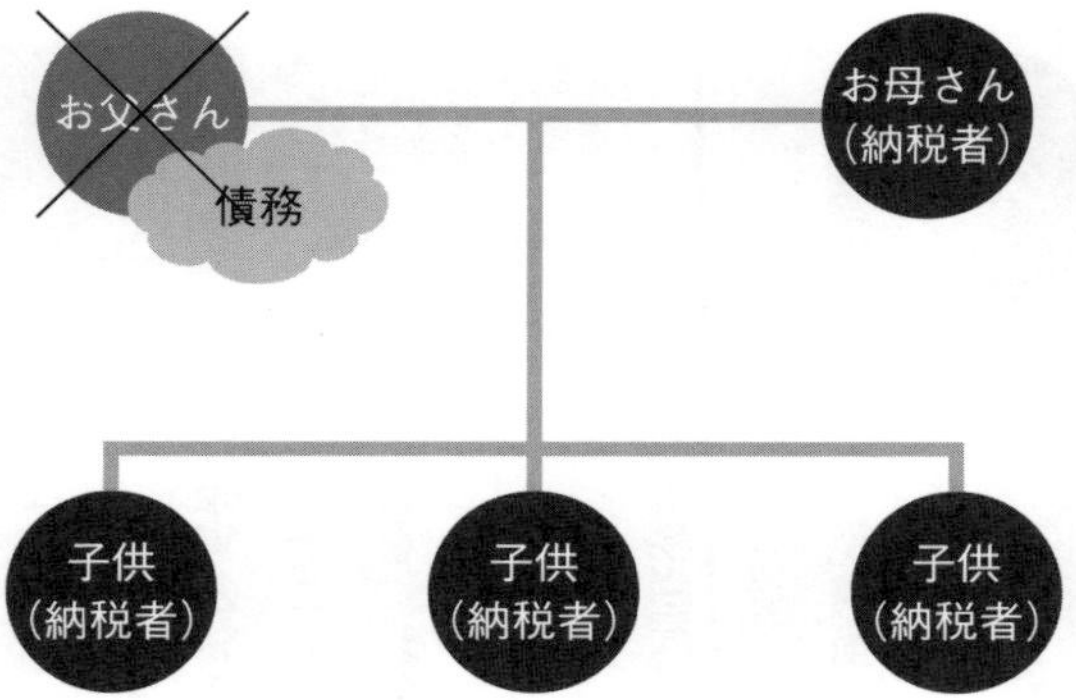

違約金は、消費者を保護する法律が定める損害賠償額の上限を超えるとして、内金の１００万円を違約金の支払に充当することで終了したいと伝えました。

請負会社は、相続の開始後、お父さんの相続人である納税者に対し、違約金６００万円から内金を差し引いた後の５００万円の支払を求めて、裁判所に訴えました。

納税者は、請負契約に際して請負会社側にお父さんに対する説明義務違反があり、お父さんは、請負会社に対し２０００万円の損害賠償を請求する権利を有していたと主張しました。

そして、納税者は、その損害賠償を請求する権利を相続により取得したとして、逆に、請負会社に対し、損害賠償金２０００万円の支払を求めて、地方裁判所に訴えました。

地方裁判所は、請負会社の訴えを認め、納税者の訴えは斥けました。これに対し、納税者は、高等裁判所に控訴しました。

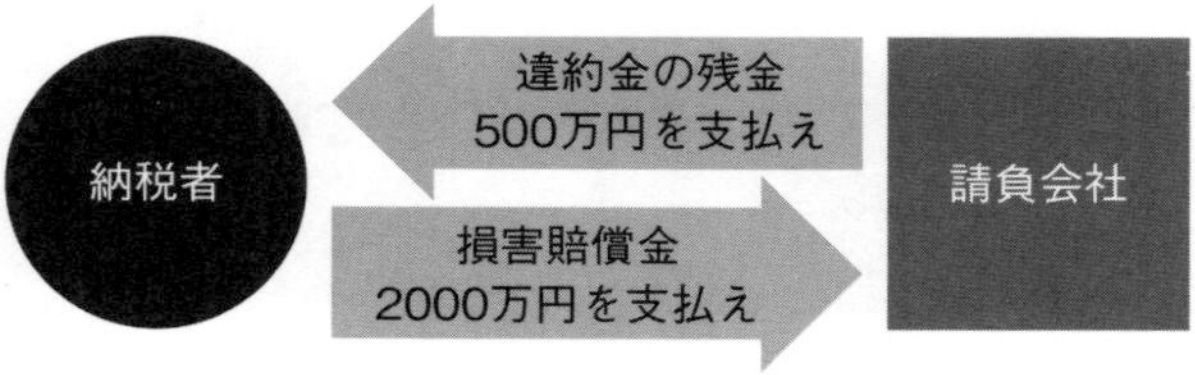
納税者
違約金の残金
500万円を支払え
損害賠償金
2000万円を支払え
請負会社

ヒトは、相続により取得した財産に課される相続税を、相続の開始があったことを知った日の翌日から10か月以内に申告して納める必要があります。

もっとも、相続されるヒトの債務で、相続が始まるときに現に存在し、確実といえるものは、相続により取得した財産から減らすことができます。

そこで、納税者は、お父さんが負っていた違約金６００万円を支払う債務を、お父さんの相続により取得した財産から減らして、相続税の申告をしました。

税務当局が下した処分

「違約金を支払う債務は、本当に確実といえるのか？」

税務当局は、お父さんが負っていた違約金を支払う債務について調べました。

「お父さんは、違約金の残金を支払う気がなかったのではないか」

「内金が損害賠償金の上限を超えているから、これ以上支払わないと言っていたではないか」

「請負会社は、相続人の納税者を訴えたけど、納税者も支払を拒否して争っているぞ」

「きっと、納税者も支払う気がないに違いない……」

税務当局は、そう考えたのです。

そこで、違約金の残金は、確実と認められる債務ではないから、相続税が課される財産から減らすことはできないとして、相続税を増やす処分をしました。


「債務が存在しないと主張しているわけではないのに……」

納税者は、納得がいきません。

確かに、お父さんは、消費者を保護する法律により自分が保護されると主張していました。でも、実際には、お父さんは、アパートを建築して貸し付けている事業者でした。

そうすると、消費者を保護する法律が適用されるから、違約金の残金を支払わなくても良いというわけにはいきません。

お父さんを相続した納税者は、請負会社から訴えを提起されたので、受けて立ちました。しかし、違約金の残金の支払債務がないと主張して争っているわけではなかったのです。

そこで、納税者は、審査請求に踏み切りました。

審判所が示した判断

さて、審判所は、どう判断したでしょうか？

相続税が課される財産から減らすことのできる債務は、確実といえるものに限られています。

そこで、審判所はまずこの確実といえる債務の意義について検討しました。

そして、確実といえる債務とは、相続が開始した当時の現況に照らし、債務が現に存在するとともに、その履行が確実といえるものをいうことを確認しました。

次に、審判所は、違約金の残金を支払う債務の中身について検討しました。

この違約金は、お父さんが、請負会社に対して、請負契約を解除すると通知したことにより、請負契約の条項に基づいて発生したものでした。そして、この違約金から内金を差し引いたものが違約金の残金となっていたわけです。

つまり、お父さんは、請負契約を解除した日において、請負契約に基づいて違約金の残金の支払債務を負ったものといえます。

そうすると、この違約金の残金の支払債務は、相続が開始した当時の状況に照らすと、現に存在し、その履行を免れないものであったといえます。

したがって、審判所は、違約金の残金の支払債務は履行が確実といえるものであったので、相続税が課される財産から減らすことができると判断して、納税者の主張を認めました。

納税者が用いた武器

本件において、納税者が用いた武器は、債務の支払を拒否する理由です。

争点は、違約金の残金を支払う債務の履行が確実といえるかどうかでした。

税務当局は、お父さんは違約金の残金を支払う意思がなかったと主張しました。そのため、違約金の残金を支払う債務の履行は確実ではないというわけです。

また、税務当局は、お父さんの相続人である納税者も、違約金の残金の支払を拒否して係争中だと主張しました。

確かに、請負会社は、納税者に対し、違約金の残金の支払を求めて訴えており、納税者も、請負会社の訴えを受けて立ち、裁判所で争っていました。

しかし、審判所は、法的に履行を強制される債務については、債務者の履行の意思によって確実性が左右されるわけではないと判断しました。

また、納税者は、違約金の残金の債務そのものが存在しないと主張して争っていたわけではありませんでした。納税者は、裁判所では、請負契約を締結する前の請負会社の説明義務違反を理由として、損害賠償を求めていたのです。

そのため、審判所は、納税者が裁判所で争っていたとしても、違約金の残金の支払義務が消滅したり、履行の確実性が失われたりするものではないと判断したわけです。

このように、納税者が債務の支払を拒否する理由を武器に、違約金の残金を支払う債務の履行は確実といえるという事実を決めたことが、本件の勝因といえます。

相続税の争いは、亡くなった方の財産・債務の有無や金額が問題となります。亡くなった方の財産を把握するのは、相続人である納税者にとっても厄介な作業です。それでもプラスの財産は相続人のものになりますので、頑張って探し回る気になるでしょう。問題は、マイナスの債務です。相続人としては、亡くなった方の債務は存在しないほうが良いので、探し回る気が起きません。

それゆえ、亡くなった方の債務は、債権者から請求されて初めてその存在に気がつくことも多いでしょう。

しかし、相続人は、亡くなった方と債権者との間の具体的なやり取りを知らないので、果たして支払ってよいものかどうか、すぐには判断がつかないことも少なくありません。まして、税務当局は、そもそも亡くなった方の債務の状況を知りません。相続人である納税者に対する税務調査を通じて、初めてそれがおぼろげに見えてくるわけです。

そうすると、相続人が債務の支払を拒否しているということになると、どうしても、それだけでその債務は確実とはいえないという判断に傾きがちです。

その点、相続人である納税者にとっては、この世にいないとはいえ身内の債務であり、債権者から支払を迫られている立場にあります。その債務の中身については、税務当局よりも詳しいはずです。

そのため、納税者は、債務の支払を拒否している場合でも、その理由を具体的に説明することにより、審査請求において納税者に有利な議論を展開できることがあります。

第4話

契約解除に関するルールを武器とした事例

国税不服審判所裁決平成30年7月9日

納税者が取得した財産

第4話の納税者は、平成23年5月に亡くなったお父さんの相続人である子供4名です。

生前、お父さんは、地主との間で借地契約を締結して土地を借り、土地の上に建物を建てていましたが、賃料を滞納していました。

そのため、地主は、平成22年5月に借地契約を解除しました。そして、平成23年5月下旬に、お父さんに対し建物を取り除いて土地を明け渡すよう求めて裁判所に訴えました。

しかし、裁判所に訴えを提起したときには、既にお父さんは亡くなっていたので、相続人である納税者が訴訟の相手方になりました。

裁判所は、平成24年に地主の訴えを認める判決を言い渡し、この判決は確定しました。しかし、納税者は、判決が確定した後も建物を取り除きませんでした。

そこで、地主は、平成25年6月に、納税者が建物を取り除く債務を果たさないとして、裁判

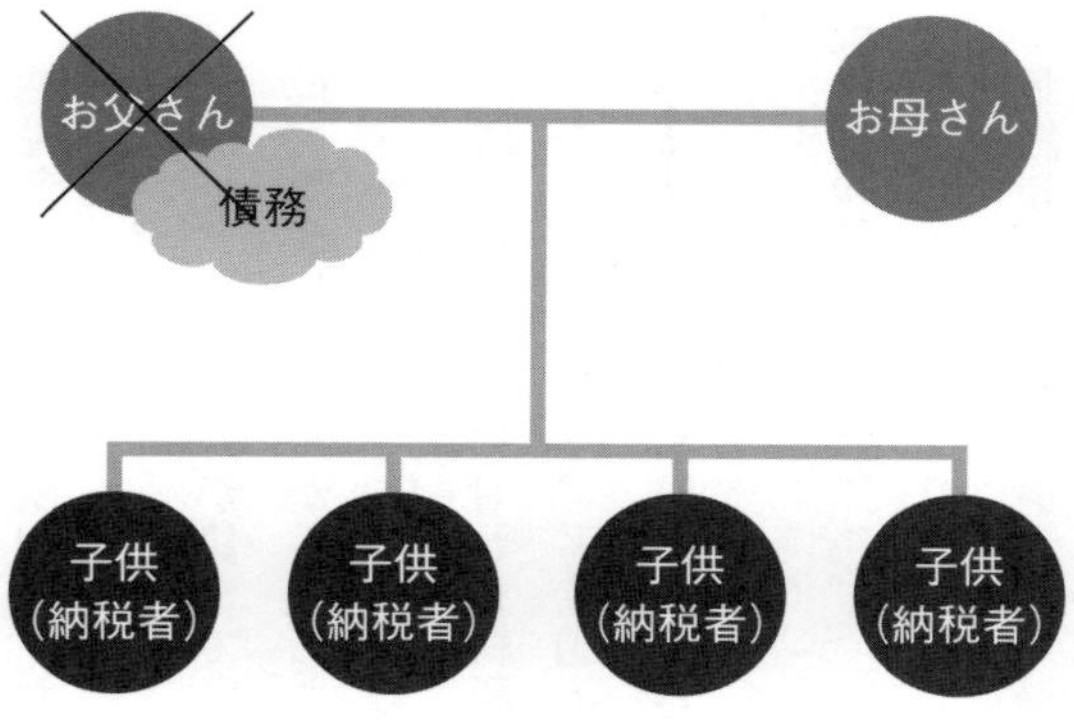

所に対し納税者の費用で強制的に建物を取り除くよう申し立てました。

裁判所は、平成26年にこの地主の申立てを認めました。

納税者は、強制的に建物を取り除かれるのを避けるため、平成27年3月に、解体会社に対し建物の解体工事を依頼し、建物の解体工事費用を支払いました。

納税者は、平成28年4月に、別の解体会社に対し杭の引き抜き工事を依頼しました。

その後、杭抜き工事は、使用する重機を現地に搬入できず取りやめとなりましたが、納税者は、別の解体会社が負担したとする諸経費を支払いました。

納税者と地主は、杭抜き工事が不可能となり、建物の取除きが一部できなくなったので、平成28年12月にカネで解決することにしました。

結局、納税者は、建物を取り除き土地を明け渡すために合計８０００万円を支払いました。

ヒトは、相続により取得した財産に課される相続税を、相続の開始があったことを知った日の翌日から10か月以内に申告して納める必要があります。

納税者は、申告期限内に、お父さんの相続により取得した財産に課される相続税の申告をしていました。

しかし、お父さんが負っていた建物を取り除いて土地を明け渡す債務の金額については、相続税が課される財産から減らさずに、相続税の申告をしてしまいました。

いったん提出した申告書に記載した相続税を減らしたいときは、相続税の申告期限から5年以内に、税務当局に対し相続税を減らす更正をすべきことを請求する必要があります。

そこで、納税者は、平成29年3月に、税務当局に対し、建物を取り除いて土地を明け渡す債務の金額を財産から減らすべきとして、相続税を減らす更正をすることを請求しました。

税務当局が下した処分

「建物を取り除く債務は、本当に確実といえるのか?」

相続税が課される財産から減らすことのできる債務は、確実といえるものに限られています。

そこで、税務当局は、建物を取り除く債務と土地を明け渡す債務が確実といえるかどうかを調べました。

本審査請求に至るまで

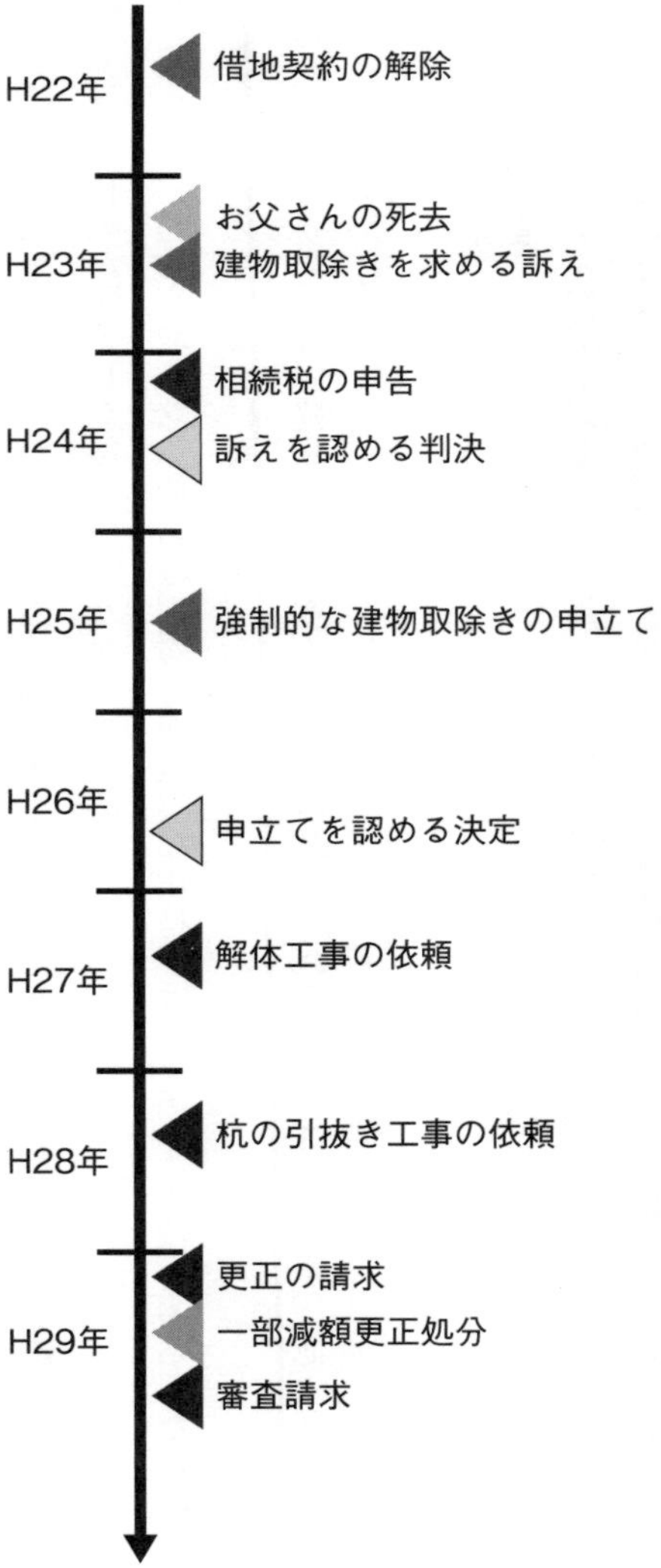
H22年
借地契約の解除
H23年
お父さんの死去
建物取除きを求める訴え
H24年
相続税の申告
訴えを認める判決
H25年
強制的な建物取除きの申立て
H26年
申立てを認める決定
H27年
解体工事の依頼
H28年
杭の引抜き工事の依頼
H29年
更正の請求
一部減額更正処分
審査請求

まず、土地を明け渡す債務は、借地契約の終了に伴いお父さんが負ったものなので、お父さんが亡くなって相続が開始した日において、確実といえる債務と考えました。

もっとも、土地を明け渡す債務は、単に土地を地主に明け渡すだけなので、相続税が課される財産から減らせる金額はゼロ円と評価しました。

次に、建物を取り除く債務も、借地契約の終了に伴い発生した債務ではありました。

しかし、相続が開始した日において、必ずしも建物を取り除く必要はなく、建物を地主に引き渡すという方法も選択できたと税務当局は考えました。そうすると、納税者が建物を取り除いたことは、相続が開始した後の事情となります。

したがって、建物を取り除く債務は、履行が確実な債務とはいえず、相続が開始した日において確実とはいえないことになります。

そのため、税務当局は、建物を取り除く債務を財産から減らすことは認めず、他の理由で相続税の一部を減らす更正をするにとどめました。

審判所が示した判断

「建物を取り除く債務もお父さんから引き継いだのに……」

納税者は、建物を取り除く債務は、お父さんが、借地契約の終了により負ったものであり、お父さんの生前に発生していたものと考えていました。
そこで、納税者は、審査請求に踏み切りました。
さて、審判所は、どう判断したでしょうか？

前述のように、相続税が課される財産から減らすことのできる債務は、確実といえるものに限られています。

この確実といえる債務の意義について、審判所は、相続が開始した当時の現況に照らし、債務が現に存在するとともに、その履行が確実といえるものをいうことを確認しました。

なお、財産から減らす債務の金額は、その現況により評価することと定められています。そこで、審判所は、債務の金額が確定していない場合は、支払うべきことが確実と認められる金額の限度で財産から減らせるものと判断しました。

次に、審判所は、建物を取り除き土地を明け渡す債務の履行が確実といえるかについて検討しました。もっとも、土地を明け渡す債務の履行については、税務当局も確実といえることを認めています。そこで、建物を取り除く債務の履行が確実といえるかどうかを検討しました。

建物を取り除く債務も、お父さんについての相続が開始する前の平成22年5月に借地契約が終了したことにより、お父さんが負ったものであることには違いはありません。

そうすると、建物を取り除く債務も、相続が開始した日において現に存在し、その履行を免れないものということになります。

したがって、審判所は、建物を取り除く債務も履行が確実といえると判断しました。

この点について、税務当局は、相続が開始した日においては、建物を地主に引き渡すという方法も選択することが可能であったと主張していました。

しかし、税務当局の主張は、相続が開始した日において履行が確実といえる債務についての履行手段の選択をいうものであって、相続開始後の事情に過ぎないと一蹴しました。

また、財産から減らす債務の金額は相続が開始した日の現況により評価されるので、履行が確実といえるかどうかの判断が、相続開始後の事情により左右されることはないとしたのです。

こうして、審判所は、建物を取り除いて土地を明け渡す義務は確実といえるので、相続税が課される財産から減らすことができると判断しました。

ただし、財産から減らす債務の金額については、審理の結果、納税者が実際に支払った合計8000万円のうち、支払うべきことが確実といえる範囲に限定されました。

納税者が用いた武器

本件において、納税者が用いた武器は、契約解除に関するルールです。

争点は、建物を取り除く債務の履行が確実といえるかどうかでした。

税務当局は、相続開始日において必ずしも建物を取り除く必要はなく、建物を地主に引き渡す方法も選択できたため、履行が確実な債務とはいえないと主張していました。

しかし、契約解除に関するルールによれば、お父さんの賃料滞納を理由として地主から借地契約を解除された場合、お父さんに建物を取り除く債務が生じることは明らかでした。

お父さんは賃料を滞納していたので、借地契約を解除されるときに、地主に建物を買い取るように請求することはできません。

もしお父さんが建物を取り除く債務を履行しなければ、地主の側から、お父さんに代わって、お父さんの費用で強制的に建物を取り除くことはできます。しかし、お父さんの側から、建物を地主に引き渡すことは認められていないのです。

したがって、建物を地主に引き渡す方法も選択できたとする税務当局の主張は、そもそも契約解除に関するルールに反するものでした。

このように、契約解除に関するルールを武器に、建物を取り除く債務の履行が確実といえるという事実を決めたことが、本件の勝因といえます。

税務調査の現場では、税金のルールだけが問題となるわけではありません。税金以外のルールが問題となることも、しばしばあります。

たとえば、本件のように、契約解除により生じる債務の履行が確実といえるかどうかを決めるためには、契約解除に関するルールという、税金以外のルールが問題となるわけです。

税務調査をする税務当局は、もちろん税金のルールのプロです。しかし、税金以外のルールについては、必ずしも詳しいとは限りません。そのためか、税金以外のルールに照らすと問題のある処分が下されることもないではありません。

他方、納税者も、税金のルールのプロである税理士のサポートを得て税務調査対応をすることが多いでしょう。しかし、税金以外のルールが問題となったときには、苦労されることもあるようです。

もっとも、最近は、税務当局が税務調査をするに当たり、必要に応じて、検察官や弁護士といった税金以外のルールのプロのサポートを得ることも増えてきました。

今後は、納税者も、武器対等の観点から、税務調査対応をするに当たり、税理士と弁護士で構成されるチームのサポートを得ることを検討したほうが良いでしょう。

そうすれば、納税者も、税金以外のルールが問題となる場合も含め、機動的に税務調査対応をすることが可能となります。

第5話

税務調査に協力的な態度を武器とした事例

国税不服審判所裁決平成30年1月30日

納税者が取得した財産

第5話の納税者は、平成26年5月に亡くなったお父さんの相続人である子供です。お父さんは、生前に、自分を保険の対象とする生命保険に合計5口入っていました。

納税者は、平成26年6月から9月にかけて、お父さんの取引金融機関で、お父さん名義の預貯金を相続により承継する手続を行いました。

また、7月から9月にかけて、生命保険の保険金の支払を請求する手続を行いました。そして、1口目の保険金は、8月に納税者名義の貯金口座へ振り込まれ、2口目から5口目までは、9月に納税者名義の預金口座へ振り込まれました。

さらに、納税者は、お父さんが締結していた互助年金信託に係る遺族一時金の給付を請求する手続を行い、遺族一時金は、9月に預金口座へ振り込まれました。

ヒトは、相続により取得した財産に課される相続税を、相続の開始があったことを知った日

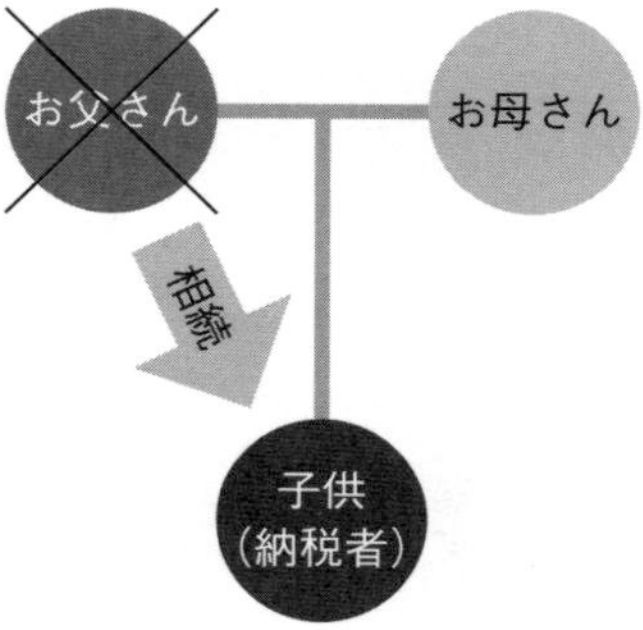

の翌日から10か月以内に申告して納める必要があります。

そこで、納税者は、相続税の申告書の作成を税理士に依頼し、自分で作成した相続財産の一覧表を税理士に渡しました。

しかし、その一覧表には、1口目と2口目の保険金と遺族一時金が記載されていませんでした。税理士は、お父さん名義の外貨定期預金と投資信託がその一覧表に記載されていないことに気づいたので手書きで記載し、これをもとに相続税の申告書を作成して提出しました。

税務当局は、相続税について税務調査を行い、納税者および税理士と面談しました。

納税者は、税理士に渡した一覧表と同じ形式の相続財産の手控えを持参し、税務当局に提示しました。手控えには、税理士に渡した一覧表に記載された相続財産のほか、遺族一時金は記載されていましたが、1口目と2口目の保険金は記載されていませんでした。

税務当局は、税理士に渡した一覧表に遺族一時金が記載さ

申告書	申告漏れ
●預貯金 ●生命保険金（3口目） ●生命保険金（4口目） ●生命保険金（5口目） ●外貨定期預金 ●投資信託	●生命保険金（1口目） ●生命保険金（2口目） ●遺族一時金

れていないのはなぜかと尋ねました。納税者は、その一覧表は上書入力を繰り返し行って作成したもので、いつの時点で消えたかは覚えていないものの、税理士に渡すときには消えてしまっていたと答えました。

また、納税者は、遺族一時金のほかに申告漏れとなっている財産がないかと聞かれたので、自分で相続の手続をしたものは全て申告したと答えました。

さらに、1口目の生命保険会社との間で、お母さんを生命保険の対象とする契約があったが、お母さんが亡くなった時点では契約はなかったと答えました。

また、お父さんを生命保険の対象とする契約もあったが、保険料の支払が滞ったことによりお父さんが亡くなる2年くらい前に失効したと答えました。

納税者は、税務当局に対し、お父さん名義の預貯金の承継に関する書類と残高証明書、4口目と5口目の保険金の支払通知書、遺族一時金の支払に関する書類などを提示しました。

しかし、1口目から3口目までの保険金の支払通知書や、貯金口座と預金口座の預金通帳は提示していませんでした。

税務当局は、調査結果の内容の説明を行い、1口目と2口目の保険金と遺族一時金を相続税が課される財産に含めて、相続税を増やすように申告書を修正することを求めました。

そこで、納税者は、税務当局の求めに応じ、相続税の申告書を修正しました。

税務当局が下した処分

「これは悪質だぞ！」

納税者が、相続税の計算のベースとなるべき事実を「隠蔽又は仮装」し、その「隠蔽又は仮装」したところに基づき申告書を提出していたときは、税率の高い重加算税が課されます。

「納税者は、あえて1口目と2口目の保険金と遺族一時金を記載しないで一覧表を作成しているから、隠蔽したといえるのではないか」

「2口目と3口目の保険金と遺族一時金は、同時期に預金口座に振り込まれたのに、3口目の保険金のみを一覧表に記載したのは、通常では考えられないぞ……」

税務当局は、そう考えたのです。

「納税者は、税務当局に対し、1口目と2口目の保険金の資料を提示していないではないか」

「しかも、1口目の保険金については、平成24年頃に保険料の支払が滞り失効したため、保険契約はないというウソの回答をしているぞ」

これらの事実も、納税者があえて1口目と2口目の保険金と遺族一時金を記載しないで税理士に渡す一覧表を作成したことを裏付けるものと考えました。

そこで、税務当局は、税率の高い重加算税を課す処分をしました。

「漏れていただけなのに……」

納税者は、あえて1口目と2口目の保険金と遺族一時金を記載しないで一覧表を作成したわけではないから、税理士に渡す一覧表を作成した行為は隠蔽とはいえないと考えていました。相続財産の明細が判明する都度、その財産の情報をパソコンに入力して一覧表として整理していたのです。

しかし、一覧表のデータの管理ミスか、情報を更新する際の誤った作業により、入力した情報を削除してしまっていました。それで、一覧表から記載が漏れてしまいましたが、わざとやったわけではなかったのです。

また、納税者は、生前、お父さんから1口目の保険は保険料の未払により失効したと聞いており、また、お母さんも、お父さんと時期を同じくして亡くなっていました。

そういう事情から、納税者は、1口目の保険金はお母さんの保険だと勘違いして、お父さんの保険はないと回答してしまったのです。

そこで、納税者は、審査請求に踏み切りました。

審判所が示した判断

さて、審判所は、どう判断したでしょうか?

前述のように、重加算税を課すためには、納税者が、相続税の計算のベースとなるべき事実を「隠蔽又は仮装」していなければなりません。

そこで、まず、審判所は、ここにいう「隠蔽又は仮装」の意味を確認しました。

そして、隠蔽とは、相続税の計算のベースとなる事実について、これを隠しあるいはわざと漏らすこととしました。また、仮装とは、所得、財産あるいは取引上の名義に関し、あたかもそれが真実であるかのように装うなど、わざと事実を歪曲することとしました。

次に、審判所は、納税者が相続税の計算のベースとなるべき事実を「隠蔽又は仮装」したといえるかどうかを検討しました。

納税者は、自ら手続を行って1口目と2口目の保険金と遺族一時金の支払を受け、その存在と金額を認識しており、その合計額は1300万円でした。

申告書に記載された３口目から５口目までの保険金の合計額が１０００万円であることと比較しても、１口目と２口目の保険金と遺族一時金は高額の財産だったといえます。

また、１口目と２口目の保険金と遺族一時金は、納税者が日常的に使用していた貯金口座と預金口座に、申告書に記載された保険金と同時期に入金されたものでした。

相続税の申告を行ううえで忘れやすい財産ではなかったといえます。

他方、１口目と２口目の保険金と遺族一時金が振り込まれた貯金口座と預金口座は、相続の開始前から納税者が日常的に使用していた口座でした。

預金口座には、３口目から５口目までの保険金も振り込まれており、貯金口座には、お父さん名義の定額貯金が振り替えられていました。

そのため、これらの口座は、税務当局がその存在を容易に把握し得るものでした。

また、納税者は、税務調査の際、遺族一時金の記載のある手控えを特に躊躇することもなく税務当局に提示しており、遺族一時金の支払に関する書類についても提示していました。

納税者は、税務調査に協力的な姿勢を示していたといえます。

さらに、納税者は、税理士に渡した一覧表に遺族一時金の記載がない理由について、上書入力を繰り返し行ったため消えてしまった旨の説明をしていました。

この説明は、納税者の態度に照らして不自然ではなく、一応合理的であるといえます。

そこで、審判所は、納税者が相続により取得した財産を正確に把握していたにもかかわらず、あえて記載せずに一覧表を作成したとはいえないと判断しました。

そうすると、納税者が一覧表を作成した行為は、一覧表に記載しなかった財産の存在を隠したとか、わざと歪曲したものとはいえず、「隠蔽又は仮装」はなかったことになります。

そのため、審判所は、重加算税を課す処分を取り消して、納税者に軍配を上げました。

納税者が用いた武器

本件において、納税者が用いた武器は、税務調査に協力的な態度です。

争点は、納税者が相続税の計算のベースとなるべき事実を「隠蔽又は仮装」したか否かでした。

税務当局は、納税者は相続した財産を正確に把握していたのに、あえて1口目と2口目の保険金と遺族一時金を記載せずに一覧表を作って税理士に渡したと主張しました。

また、これを裏付ける事実として、1口目と2口目の保険金に係る資料を提示しなかったことや1口目の保険が失効したとウソの回答を行ったことを主張しました。

しかし、税務当局は、納税者との面談を一度行っただけで、納税者に対して1口目と2口目の保険金に関する資料の提示を求めたわけではありませんでした。

そのため、審判所は、納税者の協力的な態度からすると、わざと1口目と2口目の保険金に係る資料を提示しなかったわけではないと判断しました。

また、1口目の保険が失効したという回答についても、保険の一部が実際に失効していたことから、納税者が誤解して回答してしまったのかもしれないと判断しました。

つまり、これらの事実は、納税者があえて記載すべき財産を記載しないで税理士に渡す一覧表を作成したことの裏付けにはならないと判断されたわけです。

税務当局は、2口目と3口目の保険金と遺族一時金が同時期に預金口座に振り込まれたのに、3口目の保険金のみを一覧表に記載するのは通常では考え難いとも主張しました。

しかし、納税者は、一覧表の作成過程におけるデータの管理ミスまたは情報を更新する際の誤った作業により、入力した情報を削除してしまったと弁解していました。

審判所は、納税者は一覧表に遺族一時金が記載されていないことを税務当局から指摘された当日にも同じような説明をしており、一応の合理性を有していると判断しました。

納税者による一覧表の作成過程はよく分からないので、納税者が記載すべき財産についての情報を一度入力した後に、誤って削除してしまった可能性を否定できないというわけです。

このように、税務調査に協力的な態度を武器に、相続税の計算のベースとなるべき事実を「隠蔽又は仮装」していないという事実を決めたことが、本件の勝因といえます。

納税者は、税務当局による税務調査を受忍する義務を負っています。必要な税務調査に協力するべきことはいうまでもありません。本件のように、税務調査に協力する姿勢が審査請求で生きてくることもあります。

しかし、納税者が必要な税務調査に協力するべきだからといって、税務当局の指摘にも唯々諾々と従うべきということにはなりません。

税務調査の手続には協力すべきですが、税務当局の指摘の中身に納得がいかないときは、きちんと議論をし、必要に応じて争うことは全く差し支えないわけです。

本件の審判所の判断は、納税者が税務調査に協力する姿勢を示すことと税務当局の処分を争うことは決して矛盾しないことを示すものともいえるでしょう。

なお、納税者は必要な税務調査には協力するべきですが、税務調査が「必要で相当な範囲」を超えている場合は、協力する必要はありません。

そのような場合には、納税者に税務調査を受忍する義務はないと考えられるからです。

税務調査の現場では、無限定に全てのメールにアクセス可能とすることが求められるなど、時に、税務当局から「必要で相当な範囲」を超えていると思われる要請を受けることがあります。

税務調査に対応するにあたっては、その税務調査が「必要で相当な範囲」を超えているかどうかの見極めも重要となります。

第❻話

税務の素人であることを武器とした事例

国税不服審判所裁決平成30年10月2日

納税者が取得した財産

第6話の納税者は、平成27年2月に亡くなったお母さんの相続人である子供です。

お母さんは、生前に、農協との間で3口の共済契約を締結していました。また、農協において、普通貯金、定期貯金および出資金を有していました。

1口目の共済契約は、平成27年6月に期間が満了しました。納税者は、平成27年8月に、農協から、1口目から3口目までの共済契約について、お母さんの相続が開始した日における解約返戻金の金額が記載された証明書を取得しました。

また、納税者は、お母さん名義の普通貯金と定期貯金を解約したうえ、その払戻金を納税者が新たに開設した納税者名義の普通貯金口座に振り込むよう依頼しました。

納税者は、相続が開始した日におけるお母さん名義の普通貯金と定期貯金の残高証明書の発行も依頼していました。

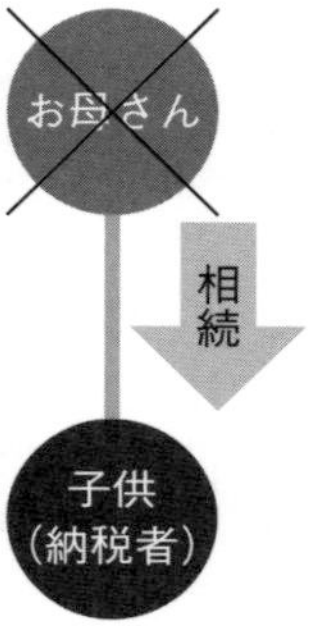

納税者は、平成27年8月に、1口目の共済契約について満期共済金の支払を請求し、それを納税者名義の普通貯金口座に入金しました。また、2口目と3口目の共済契約について、契約者を納税者に変更する手続を行いました。

また、納税者は、平成27年8月に、農協に対し出資金について全額の払戻を受けたいと依頼し、平成28年6月に、払戻金が納税者名義の普通貯金口座に入金されました。

ヒトは、相続により取得した財産に課される相続税を、相続の開始があったことを知った日の翌日から10か月以内に申告して納める必要があります。

そこで、納税者は、相続税の申告をするにあたり、平成27年10月から数回にわたって税理士と面会しました。

納税者は、平成27年10月、税理士に対し、お母さんと納税者の戸籍謄本などのほか、お母さんの普通貯金と定期貯金の残高証明書などを手渡しました。

税理士は、納税者に対し、追加で資料を持参するよう依頼し

申告書

●普通貯金
●定期貯金

申告漏れ

●共済契約（1口目）
●共済契約（2口目）
●共済契約（3口目）
●出資金

ましたが、相続税が課される財産に共済契約に係る権利や出資金が含まれるという個別具体的な説明はしませんでした。

納税者は、その後の税理士との面会でも、共済契約と出資金の存在を税理士に告げず、共済契約の解約返戻金の証明書や出資金に関する書類を提示しませんでした。

納税者は、相続により取得した財産に課される相続税について申告をしましたが、結局、3口の共済契約に係る権利と出資金を財産に含めていませんでした。

その後、税務当局は、税務調査を行い、3口の共済契約に係る権利と出資金を相続税が課される財産に含めて、相続税を増やすように申告書を修正することを求めました。

そのため、納税者は、税務当局の求めに応じ、相続税の申告書を修正しました。

税務当局が下した処分

「財産を隠したでしょ！」

納税者が、相続税の計算のベースとなるべき事実を「隠蔽又は仮装」し、その「隠蔽又は仮装」したところに基づき申告書を提出していたときは、税率の高い重加算税が課されます。

税務当局は、納税者が「隠蔽又は仮装」したかどうか調べました。

納税者は、平成27年8月に、3口の共済契約について解約返戻金の証明書を取得し、1口目の共済契約については、満期共済金の支払を請求して受領していました。また、2口目と3口目の共済契約について、名義を納税者に変更する手続を行いました。

出資金については、平成27年8月に払戻請求を行い、平成28年6月に払戻額を普通貯金口座への入金により受領していました。

納税者は、自分でこれらの手続を行ったので、共済契約に係る権利や出資金の存在を十分に認識していたといえます。

また、税理士の指示に基づいて、解約返戻金の証明書の取得や出資金の払戻請求をしていたので、相続税が課される財産に含まれることも認識していたはずだと税務当局は考えました。

しかし、当初の申告にあたり、その存在を税理士に一切伝えず、農協におけるお母さんの財産として、普通貯金と定期貯金の残高証明書のみを提示していました。

そこで、税務当局は、納税者は、「隠蔽又は仮装」したところに基づいて相続税が課される財産を少なく申告したとして、税率の高い重加算税を課す処分をしました。

「知らなかっただけなのに……」

納税者が、共済契約と出資金に関する書類を税理士に提示しなかったのは、平成27年10月に叔母が亡くなったこともあり、お母さんの財産の関係書類の整理が不十分だったからでした。お母さんの主たる生活場所が遠隔地であったため、納税者は、お母さんと詳細に話し合う機会がなく、お母さんの財産の全容を把握するのが難しかったという事情もありました。

また、納税者は、共済契約と出資金に関する知識が乏しかったため、これらが相続税の課される財産に当たると考えておらず、税理士に提示することを忘れていました。

つまり、申告漏れとなった理由は、納税者の単なる知識不足などから生じたミスであり、納税者が、わざと「隠蔽又は仮装」したわけではなかったのです。

そこで、納税者は、審査請求に踏み切りました。

審判所が示した判断

さて、審判所は、どう判断したでしょうか？

審判所は、まず、どういう場合に重加算税を課すことができるかを確認しました。

重加算税を課すためには、納税者による少ない財産の申告そのものが「隠蔽又は仮装」にあたるというだけでは不十分です。

少ない財産の申告そのものとは別に、「隠蔽又は仮装」といえる行為が存在し、これにあわせて少ない財産の申告がされることが必要です。

しかし、悪質な納税義務違反を防止するという重加算税のコンセプトからすると、架空名義の利用や資料を隠すといった積極的な行為まで必要とするのは行き過ぎです。

そこで、当初から少なく申告することを意図し、その意図を外部からもうかがい得る特別な行動をしたうえで、その意図に基づいて少なく申告した場合に重加算税を課すべきと、審判所は判断しました。


次に、審判所は、納税者に重加算税を課すことができる場合といえるかを検討しました。

納税者は、共済契約について解約返戻金の証明書を取得し、1口目の共済契約について満期共済金の支払請求手続を行い、その支払を受けていました。2口目と3口目の共済契約についても、名義を納税者に変更する手続を行いました。

そうすると、納税者は、共済契約に係る権利が財産的な価値を有しており、これを相続により承継したということは認識していたはずです。

もっとも、納税者が行った手続は、共済契約の契約者が死亡した場合において、相続人が通常行うような手続と、外形上何ら異なることはありませんでした。もし相続人が全ての財産を対象として申告をしていれば、何の問題もなかったわけです。

したがって、これだけでは、直ちに少なく申告する意図があったとはいえず、その意図を外部からもうかがい得る特別な行動をしたともいえないと審判所は判断しました。

納税者が、税理士に共済契約の存在を告げず、解約返戻金の証明書を提示しなかったことから、共済契約の解約返戻金が当初の申告から漏れていたのは確かです。

しかし、税理士は、納税者に対して、相続税の申告手続の説明に当たり、共済契約に関する具体的な説明を行っていませんでした。

したがって、納税者が、税理士に対して共済契約の存在を告げなかったとしても、直ちに、共済契約が念頭にあったにもかかわらず、あえてこれを告げなかったとまではいえません。

また、納税者は、満期共済金を税務当局が容易に把握できないような金融機関の口座ではなく、申告済みの普通貯金などの払戻金と同じ普通貯金口座に入金していました。

そのため、納税者に少なく申告する意図があったとはいえず、その意図を外部からもうかがい得る特別な行動をしたともいえないと審判所は判断しました。

出資金についても、納税者は、農協に対し出資金の払戻しを依頼していることから、出資金が財産的な価値を有しており、相続により承継したと認識していたはずです。

しかし、この手続も、相続人が通常行う手続と何ら異なることがありませんでした。税理士も、納税者と面会した際、農協に対する出資金の残高証明書を取得することを指示せず、出資金に関する具体的な説明をしませんでした。

そのため、納税者が税理士に対して出資金の存在を告げなかったとしても、納税者に少なく申告する意図があったとまではいえません。

また、出資金の払戻金も、申告済みの普通貯金などの払戻金と同じ普通貯金口座に入金されており、少なく申告する意図を外部からもうかがい得る特別な行動をしたともいえません。

したがって、審判所は、共済契約と出資金を当初の申告において相続税が課される財産に含めなかったことは、「隠蔽又は仮装」とはいえないと判断しました。

そして、重加算税を課す処分を取り消して、納税者に軍配を上げたのです。

納税者が用いた武器

本件において、納税者が用いた武器は、税務の素人であることです。

争点は、納税者が当初から少なく申告することを意図し、その意図を外部からもうかがい得る特別な行動をしたうえで、その意図に基づいて少なく申告したかどうかでした。

税務当局は、納税者が共済契約と出資金の存在を十分に認識しており、また、税理士からの指示に基づき、解約返戻金の証明書を取得し、出資金の払戻請求をしたと指摘しました。納税者は、相続により取得した財産であると認識していたはずだというわけです。

そして、税理士に財産の存在を伝えず、農協に係る財産として貯金の残高証明書のみを税理士に提示したことなどが、その意図を外部からもうかがい得る特別な行動に当たると主張しました。

しかし、納税者が、貯金の残高証明書や解約返戻金の証明書を受領する前に、税理士からこれらを取得するよう具体的な指示を受けていたわけではありませんでした。

そのため、納税者が、共済契約に係る権利と出資金が相続により取得した財産であることを認識したうえで、その存在を税理士に告げなかったとしても、やむを得ないとされました。

つまり、納税者が当初から少なく財産を申告することを意図し、その意図を外部からもうかがい得る特別な行動をしたとはいえないと審判所は判断したわけです。

このように、納税者が税務の素人であることを武器に、少なく申告する意図やその意図を外部からもうかがい得る特別な行動はないという事実を決めたことが、本件の勝因といえます。

相続税については、ほとんどの納税者が素人といえます。それは、多くの納税者にとって、相続は一生に一度か二度の経験だからです。

もちろん素人であっても、相続税は税金のルールどおりに納めないといけません。知らなかったら税金を少なく納めなくても良い、ということにはなりません。

しかし、相続税が課される財産を少なく申告したときに税率が高い重加算税を課すべきかどうかは、納税者が税務の素人かどうかで変わってきます。

重加算税を課すかどうかは、わざと「隠蔽又は仮装」したかどうかにかかっているからです。税務の素人であれば、申告すべき財産であることを知らなかっただけということもあるでしょう。

他方、税務当局は、自分自身が税務のプロなので、ともすれば、納税者も税務に詳しいことを前提に、財産を「隠蔽又は仮装」したかどうかを判断してくる傾向がないではありません。

そのため、本件のように、納税者としては納得がいかない処分が下されることもあります。

しかし、審判所は、納税者が税務の素人であることも考慮に入れて判断をしてくれるので、納税者にとっては頼りになる存在といえます。

第⑦話

税務申告の経緯を武器とした事例

国税不服審判所裁決平成30年1月29日

納税者が取得した財産

第7話の納税者は、平成26年12月に亡くなったお爺さんの孫息子です。

お父さんは平成24年1月に死亡していたので、納税者がお爺さんの相続人となりました。相続人は、伯母さん、お母さん、お姉さん、そして納税者の4名です。

お爺さんは、平成23年7月に、お爺さんの全財産の2分の1を伯母さんに相続させ、残りの財産をその他の相続人に相続させる旨の遺言をしていました。その後、お母さんは、自分が相続で取得する分を全て納税者に譲渡しました。

ヒトは、相続により取得した財産に課される相続税を、相続の開始があったことを知った日の翌日から10か月以内に申告して納める必要があります。

伯母さんとお姉さんは、申告期限までに相続税の申告書を提出しました。

お母さんは、平成28年6月下旬頃、税務当局に電話をし、納税者の相続税の納付について相

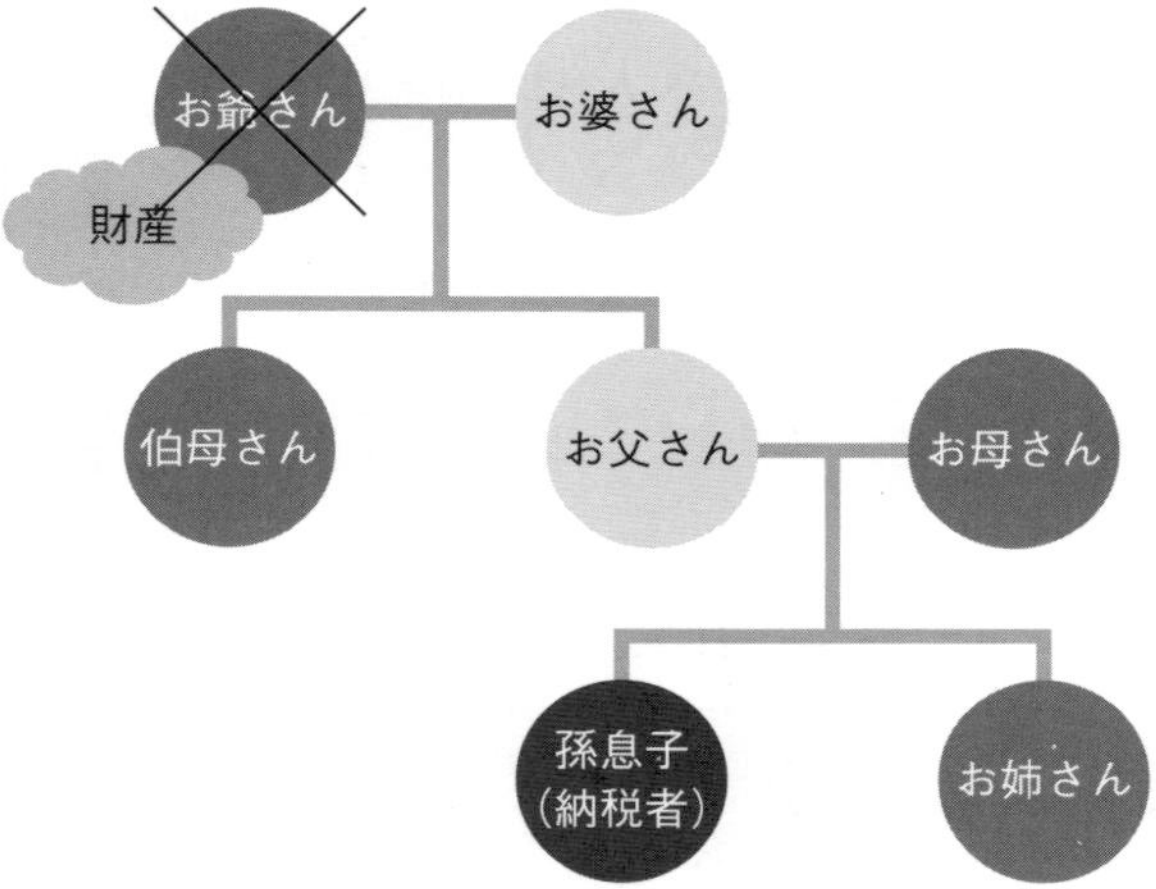

談しました。税務当局は、納税者が相続税の申告をしていないのであれば、納付の相談の前に申告の相談が必要であると説明し、おって連絡すると伝えました。

税務当局は、その日のうちにお母さんに電話をし、相談内容を確認したうえで、申告期限を過ぎているので、相続税の申告書を早急に提出する必要があると説明しました。

お母さんは、納税者が速やかに申告書を提出することはできないが、納税者以外の相続人が依頼した税理士に相談し、相続税の申告書を提出すると答えました。

税務当局は、税理士に相談して早急に相続税の申告書を提出するよう指導したうえで、申告期限までに申告しなかったので5%の加算税が課されると説明しました。

税務当局は、同年7月下旬頃、お母さんに電話して、相続税の申告書の提出がないがどういう状況かと尋ね、こちらから出向いて話を伺ってもよいと伝えました。お母さんは、税務当局に出向くと答えて、日時を調整したうえで連絡すると伝えました。

お母さんは、同年8月上旬頃、税務当局に電話をし、同月10日に納税者とともに税務当局に出向き、相続税の申告書を提出するつもりであると伝えました。

納税者とお母さんは、当日、税理士が作成した相続税の申告書のほか、納税のため１００万円を持参して、税務当局と面談しました。

納税者は、持参した申告書などを税務当局に提示したうえで、納税資金がないので相続税の納付が困難であると説明しました。

税務当局は、納付の相談の前に申告書の提出が必要になると改めて説明し、納税者が持参した書類を確認しました。

そして、相続した株式の評価が大きすぎるので修正が必要になると説明し、こちらで申告書の案を作成してもよいと提案したので、納税者はその提案を受けることとしました。

その際、税務当局は、申告期限までに申告しなかったので加算税が課されると改めて説明しましたが、加算税の税率については言及しませんでした。

その後、税務当局は、お母さんとの間で数回にわたり連絡を取り合いましたが、納税者と直

本審査請求に至るまで

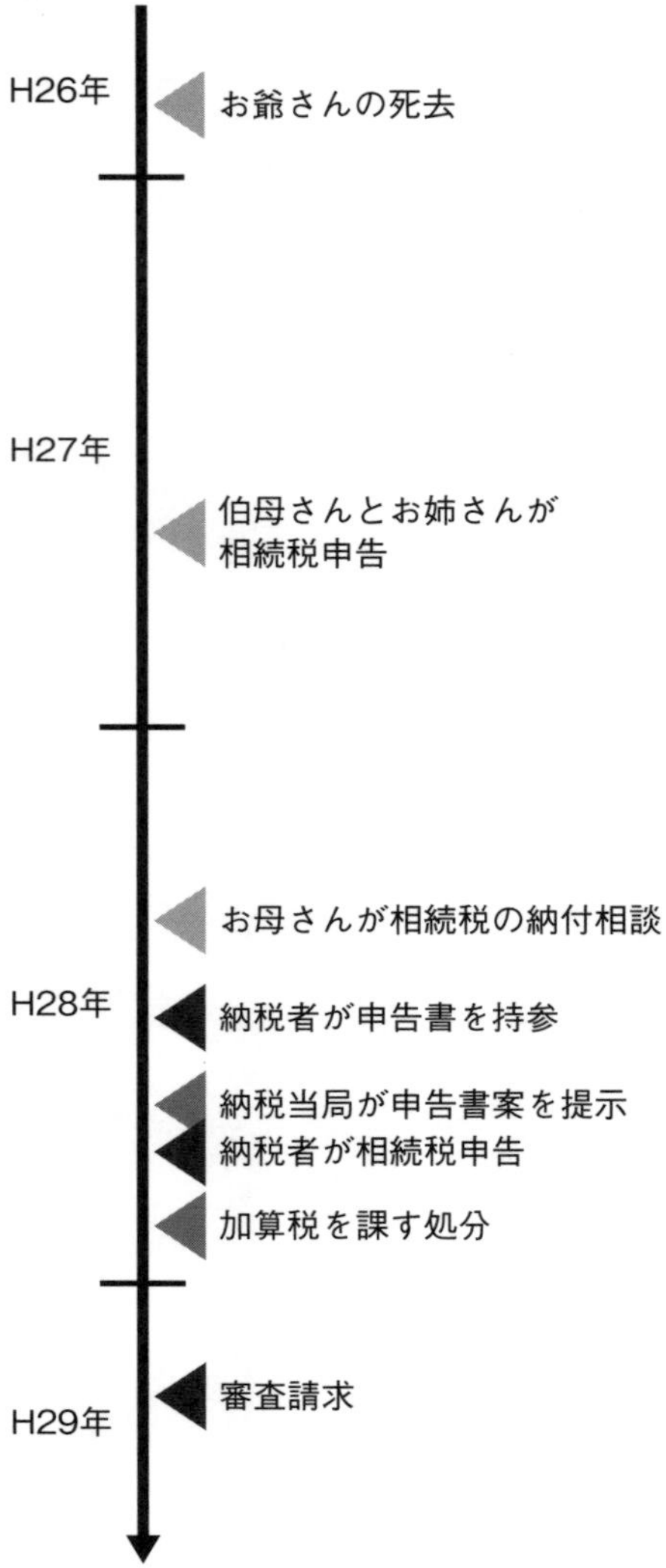
H26年
お爺さんの死去
H27年
伯母さんとお姉さんが
相続税申告
お母さんが相続税の納付相談
H28年
納税者が申告書を持参
納税当局が申告書案を提示
納税者が相続税申告
加算税を課す処分
審査請求
H29年

接やり取りすることはありませんでした。

納税者とお母さんは、同年9月下旬頃、一時的に転居しました。

同年10月19日、税務当局からの不在着信に気づいたお母さんは、税務当局に電話をし、用件を確認しました。税務当局の用件は、申告書の案ができたので送付先の住所を教えてほしいとのことだったため、お母さんは住所を教えることができないと答えました。

税務当局は、こちらから出向いて申告書の案を渡すことはできないかと尋ねたので、お母さんは、郵便局の駐車場で構わなければ受け取ると答えました。

税務当局は、郵便局の駐車場でお母さんと会って、申告書の案と返信用封筒を手渡しし、申告書の案の内容を納税者に確認するよう伝えました。

また、申告書の案を新たな申告書用紙に転記するか、申告書の案に署名押印をし、返信用封筒で郵送してほしい旨を伝え、お母さんはこれらを了承しました。

お母さんは、同月24日、税務当局に電話をし、相続税の申告書を税務当局へ持参すると申し出て、納税者とともに税務当局と面談しました。そして、納税者は、お母さんが受領した申告書の案に署名押印した申告書を提出しました。

税務当局は、その際、納税者に対し、申告期限までに申告しなかったので15～20％の税率の加算税が課されると説明しました。

納税者は、加算税の税率は5％と聞いており、そのような金額になるとは全く聞いておらず、お母さんが先に聞いていた説明とは話が違うと不満を述べました。

税務当局は、申告期限までに申告しなかったことについて災害などの正当な理由がない限り、この金額の加算税が課されると説明しました。納税者は、その説明には納得できなかったものの、その場を辞去しました。

税務当局が下した処分

「相続税を課す処分がされることを覚悟していただろう？」

納税者が、申告期限後に相続税の申告をすると、15～20％の税率の加算税が課されます。

しかし、本件の当時、相続税についての調査があったことにより、相続税を課す処分があるべきことを予知して申告したものでないときは、加算税の税率は5％に軽減されていました。これは、できる限り納税者の自発的な申告とそれに基づく納税を奨励するためです。

税務当局は、平成28年7月下旬に、お母さんに電話をかけ、相続税の調査を行うことを通知したつもりでした。

また、税務当局は、同年8月2日に、お母さんから電話を受けたので、納税者に電話を代わってもらい、納税者にも相続税の調査を行うことを通知したつもりでした。

そして、同月10日に、納税者とお母さんに面談した際にも、相続税の調査を行うことを説明し、納税者が持参した申告書には株式の評価に誤りがあることを指摘していました。

税務当局は、同年10月24日、申告書の提出を受けるに先立ち、納税者に対し調査結果の内容の説明を行い、申告書の提出を求めたつもりでした。

「納税者は、遅くとも税務当局で面談した8月10日には、税務当局が相続税の調査を既に開始していることを認識できたはずだ」

「申告書を提出しなければ、やがて調査が進行して税務当局が相続税を課す処分を行うであろうことも認識できたはずだ」

税務当局は、こう考えて、15～20％の税率の加算税を課す処分をしました。


「相続税を課す処分がされるなんて考えてもいなかった……」

納税者にとって、相続税の申告書の提出は、平成28年6月末頃、お母さんが税務当局に電話をかけて、申告と納税について相談し、税務当局の指導を受けたことがきっかけでした。

納税者は、この指導以降、申告書の提出に至るまでの間に、相続税について調査を行うと通知されたことも、何らかの調査を行っているという説明を受けたこともないと考えていました。

また、納税者は、申告書の提出に際して、税務当局から調査の結果について説明を受けたこともないと考えていました。

そのため、納税者は、申告書を提出するまで、調査があったことを全く認識しておらず、税務当局が相続税についてどんな調査を行っていたのか全く知らなかったのです。

もちろん、申告書を提出しなければ、いずれ税務当局により相続税を課す処分がなされるであろうことを予想していたはずはありません。

したがって、相続税についての調査があったことにより、相続税を課す処分があるべきことを予知して申告したわけではないと納税者は考えていたのです。

そこで、納税者は、加算税を課す処分のうち5％の税率を超える部分の取消しを求めて、審査請求に踏み切りました。

審判所が示した判断

さて、審判所はどう判断したでしょうか？

まず、審判所は、相続税についての調査があったことにより、相続税を課す処分があるべきことを予知して申告したものでないときとはどういう場合なのかを検討しました。

そして、調査の内容・進捗状況、それに関する納税者の認識、申告期限後に申告した経緯、申告期限後の申告と調査の内容との関連性などの事情を総合して判断すべきとしました。

次に、審判所は、税務調査の具体的な経緯について検討しました。

納税者は、相続税に関するお母さんと税務当局の相談の結果をきっかけとして、相続税の申告と納付を決意し、税理士が作成した相続税の申告書を税務当局へ提示しました。ところが、税務当局から、評価の誤りを指摘されるとともに、税務当局が申告書の案を作成するという提案があったことから、税理士が作成した申告書の提出を思いとどまりました。その後、税務当局との申告相談を経て、申告書を作成し提出したわけです。

税務当局は、お母さんから初めて相続税の相談を受けた際には、5％の税率で加算税が課されると説明していました。税務当局が、納税者とお母さんと初めて面談した際は、加算税の税率には言及しませんでした。

そして、申告書が提出されることとなった納税者とお母さんとの面談の際、15～20％の税率の加算税が課されるという説明を初めて行いました。

これらのことは、納税者がその面談の際、加算税の税率は5％と聞いていたと不満を述べたことからも明らかといえます。

そうすると、納税者が、このまま申告しなければやがて相続税を課す処分が下されるであろうとの認識のもとで、申告書を提出したとはいえません。

のみならず、そもそも、納税者は、申告書の提出に至るまで、相続税の税務調査を受けていたとの認識を有していたということもできません。

したがって、申告期限後の申告書の提出は、税務調査があったことにより相続税を課す処分があるべきことを予知してされたものでないときに当たると判断しました。

こうして、審判所は、加算税を課す処分のうち、5%の税率を超える部分を取り消しました。

納税者が用いた武器

本件において、納税者が用いた武器は、税務申告の経緯です。

争点は、申告期限後の相続税の申告が、相続税についての調査があったことにより、相続税を課す処分があるべきことを予知してされたものでないときといえるかどうかでした。

税務当局は、納税者に対して、平成28年8月2日に税務調査を行うことを事前に通知したうえで、同月10日に相続税の税務調査を行うことを説明したと主張していました。また、同年10月24日には調査結果の説明をして申告を求めたと主張していました。

これに対し、納税者は、審査請求において税務申告の経緯を詳細に説明しました。その結果、審判所は、税務当局が調査の事前通知や調査を行う旨の説明をした事実も、調査結果の説明をして申告を求めた事実も、すべて否定しました。

また、審判所は、仮に税務当局が相続税の調査に関し何らかの説明を納税者に対して行っていたとしても、結論は変わらないと判断しました。それは、納税者とお母さんに対して税務当局が行った加算税に関する説明の経緯が決定的だったからです。

審判所は、このような経緯からすると、納税者が申告書を提出しなければやがて相続税を課す処分が下されるであろうと認識して申告書を提出したとはいえないと判断したのです。

このように、税務申告の経緯を武器に、相続税を課す処分があるべきことを予知して申告したものではないという事実を決めたことが、本件の勝因といえます。

審査請求においては、税務申告や税務調査の経緯が問題となることがあります。しかし、税務調査中のやりとりを後から再現することは容易ではありません。

税務当局側は、税務調査中のやりとりを調査報告書という形で記録に残していますが、納税者側には、何の記録もないことが多いからです。

そのため、納税者としては、税務調査中のやりとりについて、後から参照できるようにメモを残しておくことがとても有益です。加えて、もし納税者が税務調査中のやりとりを録音して記録に残していれば、税務調査の経緯を立証しやすくなるはずです。

ところが、現在の税務調査の現場では、納税者が税務調査中に録音しようとすると、税務当局に制止されるでしょう。

でも、本当は、税務調査中のやりとりを録音しておくことは、納税者にとっても税務当局にとっても良いことではないでしょうか。そうしないと、税務調査中のやりとりをめぐり、言った言わないの不毛な争いになるかもしれないからです

現在は、刑事事件においてさえ、被疑者に対する取調べが録音・録画され、可視化が進んできています。密室での取調べにより冤罪が生まれることを防ぐ効果が期待されています。

今後は、税務調査の現場においても、税務調査中のやりとりの可視化により、税務の冤罪を防ぐことが重要な課題となるでしょう。

第Ⅲ章

最新の成功例が示す武器（取引編）

本章では、審判所のホームページで公表されている平成30年分から令和元年分までの審査請求事例から、納税者が行った取引に関する成功例を7つ選びました。

取引編の主人公となる納税者は、会社です。

第8話

取引の相手方のご協力を武器とした事例

国税不服審判所裁決平成30年4月13日

納税者が行った取引

第8話の納税者は、3月決算の下請会社です。

納税者は、元請会社から、平成24年3月期に、各種機器の分解点検や取替えと消火設備の設置などの工事を受注しました。請負契約では、納税者は、主に工事のサービスを提供することとされており、また、工事に必要な資材は提供しなくてよいこととされていました。

会社は、ある事業年度に稼いだ所得に課される法人税を、翌事業年度の初日から2か月以内に申告して納める必要があります。

会社が請負契約を締結してサービスを提供し、請負代金という収益を計上するときは、その収益を法人税が課される所得に加えることと定められています。

また、収益は、それが実現した事業年度、つまり、それを収入すべき権利が確定した事業年度の所得に加えるものとされています。

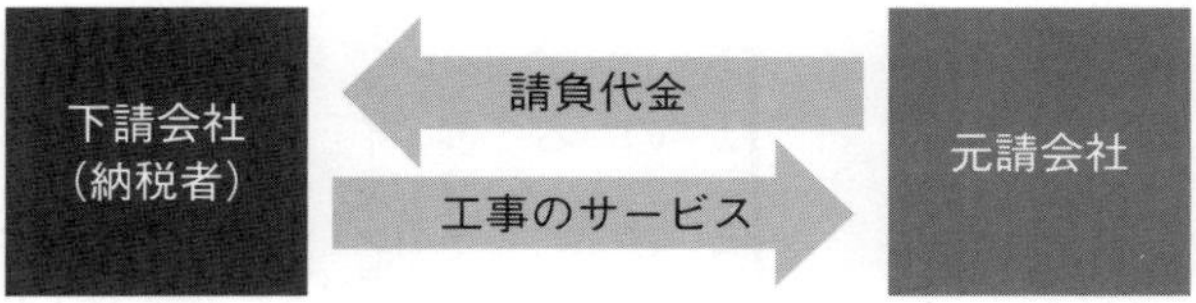

ところで、この請負契約のように物の引渡しを要しないものは、約束したサービスの全部を完了したときに請負代金を請求できます。

したがって、サービスの全部を完了した事業年度に収入すべき権利が確定したといえるので、請負代金という収益は、その完了した事業年度の所得に加えることになります。

納税者と元請会社は、工事のサービスの提供が完了するタイミングは、工事が完成したことを確認するための元請会社の検査に合格した日としていました。

そうすると、請負代金という収益は、工事のサービスの提供が完了した事業年度、すなわち元請会社の検査に合格した事業年度の所得に加えればよいはずです。

この工事は、結局、開始から完成まで約5年かかりました。納税者が工事の全部を完成させて元請会社の検査に合格したのは、平成29年3月期でした。

そこで、納税者は、請負代金という収益を平成29年3月期の所得に加えて、法人税の申告をしました。まさか自分が税務当局に処分されるとは、思ってもみませんでした。

税務当局が下した処分

「収益を所得に加えるのが遅くないか？」

税務当局は、この取引のカネの流れを調べました。すると、請負代金の一部が、平成24年3月期から平成28年3月期にかけて、分割して支払われていることが分かりました。

請負代金が分割払いされているときは、請負代金という収益を法人税が課される所得に加えるタイミングが前倒しされることがあります。

工事の一部が完成し、その完成した部分を引き渡した都度、その割合に応じて請負代金を収入するという「特約又は慣習」があるときは、取扱いが変わるのです。

そのときは、工事の全部が完成していなくても、ある事業年度において引き渡した工事の量または完成した部分に対応する収入を、その事業年度の所得に加えるものとして取り扱われます。

そこで、税務当局は、この「特約又は慣習」があったかどうかを調べました。

そして、工事の注文書と注文請書に、請負代金の支払条件は、元請会社の「検収」に基づく出来高払いによると明記されているのを発見しました。

実は、元請会社は、工事監督者が査定した出来高について出来高調書を発行していました。出来高調書には、「検収」月、当月の出来高の割合や「検収」金額などが記載されていました。

納税者も、平成24年3月期から平成28年3月期にかけて、出来高調書に基づいて出来高請求書を発行し、出来高に応じて請負代金を請求していました。出来高請求書には、請求日、出来高請求金額や「検収」金額などが記載されていました。

「課税を前倒しすべきだ！」

税務当局は、この「検収」という言葉にビビッと反応しました。

「検収」とは、辞書によると、納品された品が注文どおりであることを確かめたうえで受け取ることをいいます。

「元請会社が注文どおりであることを確認したときに、出来高に応じて請負代金を支払うことが、注文書と注文請書において合意されていたはずだ」

「実際にも、その合意に従って、元請会社は出来高調書を発行し、納税者は出来高請求書により請負代金を請求していたに違いない」

税務当局は、「検収」という言葉から、こんなストーリーを想像したわけです。

しかも、取引の当事者自身が、その取引の当時に自分で作成した注文書や注文請書において、「検収」という言葉を使っています。税務当局としては、客観的な書類にも「検収」という言葉が明記されているので、そういう合意が存在することは間違いないと思ったのでしょう。

工事開始から完成まで

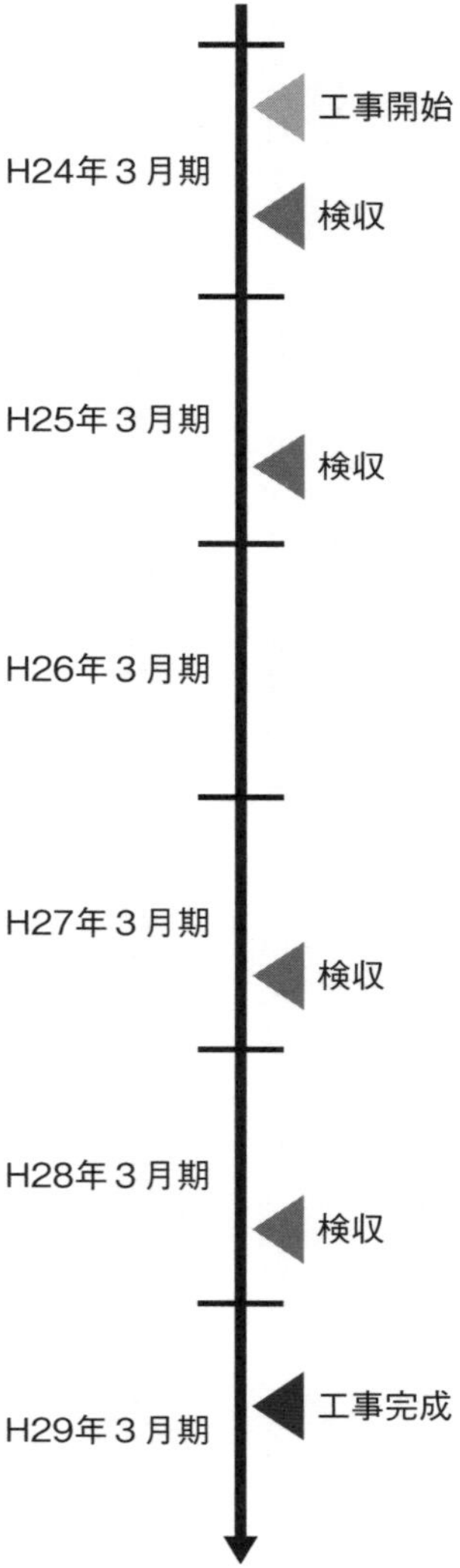
工事開始
H24年３月期
検収
H25年３月期
検収
H26年３月期
H27年３月期
検収
H28年３月期
検収
工事完成
H29年３月期

税務当局は、工事の一部が完成し、その完成した部分の「検収」を受けた都度、その割合に応じて請負代金を収入するという「特約又は慣習」があったと考えました。

そうすると、そのように収入した請負代金を、その完成した部分が「検収」された平成24年3月期から平成28年3月期までの所得に加えて法人税の申告をすべきだったことになります。

そこで、税務当局は、これらの事業年度の法人税を増やして、課税を前倒しする処分を下しました。

審判所が示した判断

「税務当局に誤解されている！」

納税者は、課税の前倒しには、到底納得がいきませんでした。それは、「検収」という言葉を、税務当局が考えるような意味では用いていなかったからです。

そこで、納税者は、審査請求に踏み切りました。

納税者は、「検収」という言葉を、工事監督者が、工期や工程に照らして工事の進捗状況を確認したうえで、工事の出来高として査定するという意味で用いていました。

つまり、「検収」とは、元請会社が工事の出来高の金額を確認する、あるいは、納税者に対する出来高の金額の支払を認めるという意味だと理解していたのです。元請会社が工事の完成したことを確認するという意味では用いていませんでした。

納税者は、審査請求をするに当たり、「検収」という言葉の意味を裏付けるため、取引の相手方である元請会社の協力を仰ぐことにしました。元請会社の資材部長と工事監督者8名に、「検収」という言葉をどういう意味で用いていたのかを話してもらいました。

その結果、関係者全員から、「検収」という言葉を元請会社が工事の出来高の金額を確認するという意味で用いていたことについて、一致した証言を得ました。

さて、審判所は、どう判断したでしょうか？

審判所は、「検収」という言葉は、工事が完成したことを確認したという意味で用いられたものではないと判断し、納税者に軍配を上げました。

そして、注文書や注文請書に「検収」という言葉が記載されているからといって、税務当局が主張するような「特約又は慣習」があったとはいえないと判断しました。工事の一部が完成し、その部分の「検収」を受けた都度、その割合に応じて請負代金を収入するという「特約又は慣習」があったとはいえないということです。

それでは、「検収」という言葉は、一体どのような意味で用いられたのでしょうか？

審判所は、元請会社が行った「検収」は、工事の進捗状況に応じた出来高の査定であると判断し、納税者の主張を全面的に認めました。

つまり、長期間に及ぶ工事の進み具合を確認して、おおむね全体のうち何割くらい出来上がってきたかを判定し、その出来上がった割合に応じて請負代金を支払っていたということです。

元請会社は、出来上がってきた部分が本当に完成しているかどうかを確認して、それでＯＫという判断をしたわけではありません。

もし出来上がった部分について検査をして不完全な箇所が見つかれば、元請会社は、その部分のやり直しを要請することができ、納税者としては、その要請に応じる義務がありました。

元請会社は、「検収」した部分が完成したことを確認したわけではないので、対応する請負代金について、納税者の収入すべき金額が確定したとはいえないというわけです。

審判所は、「特約又は慣習」の存在を否定したため、請負代金は分割払いされているものの、請負代金という収益を所得に加えるタイミングを前倒しする必要はなくなりました。

その結果、請負代金という収益を平成29年3月期の所得に加えた納税者の申告が正しいことが認められ、税務当局の処分は取り消されました。

納税者が用いた武器

本件において、納税者が用いた武器は、取引の相手方のご協力です。

争点は、工事の一部が完成し、その完成した部分の「検収」を受けた都度、その割合に応じて請負代金を収入するという「特約又は慣習」があったかどうかでした。特に、注文書などに明記された「検収」の意味をどう考えるかが、判断の分かれ目でした。

「特約又は慣習」とは、取引の当事者間における明示的な合意、あるいは、ならわしをいいます。そのため、取引の一方の当事者に過ぎない納税者が、単に自分の理解を示すだけでは、十分とはいえません。

まして、本件では、当事者間の合意内容である「検収」という言葉が、客観的な証拠である注文書などに記されています。「検収」という言葉についての納税者の理解も、通常の辞書的な意味と異なっています。

むしろ、辞書的には、税務当局の主張が正しいことになります。審判所としても、他に証拠がなければ、税務当局に軍配を上げざるを得ないでしょう。

もっとも、「検収」という言葉の意味について、取引の双方の当事者の理解が辞書とは別の意味で一致していたとなると、話は変わってきます。

当事者が本当はどう理解していたかが、当事者の合意内容の決め手になるからです。辞書は、そのための手掛かりにすぎません。

本件でも、審判所は、「検収」という言葉についての理解が双方の当事者において一致していたため、税務当局が主張するような「特約又は慣習」はなかったと判断しました。納税者の主張が、双方の当事者の証言という証拠により裏付けられたわけです。

このように、取引の相手方のご協力を武器として、「検収」という言葉の意味を決めたことが、本件の勝因といえます。

納税者が、契約書上の言葉について、その辞書的な意味とは異なることを主張するときは、取引の相手方の協力が得られるかどうかがとても重要です。

しかし、いつも取引の相手方の協力が得られるとは限りません。

「納税者の主張をサポートすると、自分の税務ポジションに影響が及ぶのではないか……」

「余計な問題に巻き込まれたくない……」

「取引当時の担当者はいなくなった……」

いろんな思惑や事情から、取引の相手方は、納税者への協力に色よい返事をしてくれないかもしれません。

そのため、納税者は、いくら自分の主張が正しいと確信していたとしても、裏付けが得られないという事態が起こり得ます。

結果として、武器がなければ、審判所で負けてしまうこともあります。仮に納税者の主張が真実であったとしても、その裏付けがなければ認められないかもしれません。

取引内容について通常とは異なることを主張するときは、取引の相手方の協力が得られるかを確認し、自分の主張の裏付けが得られるかどうかを見極めることが重要です。

第9話

後出しジャンケンを武器とした事例

国税不服審判所裁決平成30年8月23日

納税者が行った取引

第9話の納税者は、12月決算の不動産管理会社です。

納税者は、平成23年9月に、リース会社との間で、途中で解約できないタイプのリース契約を締結しました。

リース期間は15年間で、リース資産は空調設備と照明設備でした。リース期間の満了時には、納税者がタダでリース資産を譲り受ける条件でした。リース資産の維持費用や滅失・毀損についての危険は、全て納税者の負担とされていました。

納税者とリース会社は、ある補助金交付機関に対し、このリース資産に関してシステム導入補助金として２０００万円の交付を申請しました。

リース会社は、このシステム導入補助金の全額を受給できることから、納税者から受けるリース料を合計1億３２００万円に設定していました。リース料は分割払いで、当初は月額

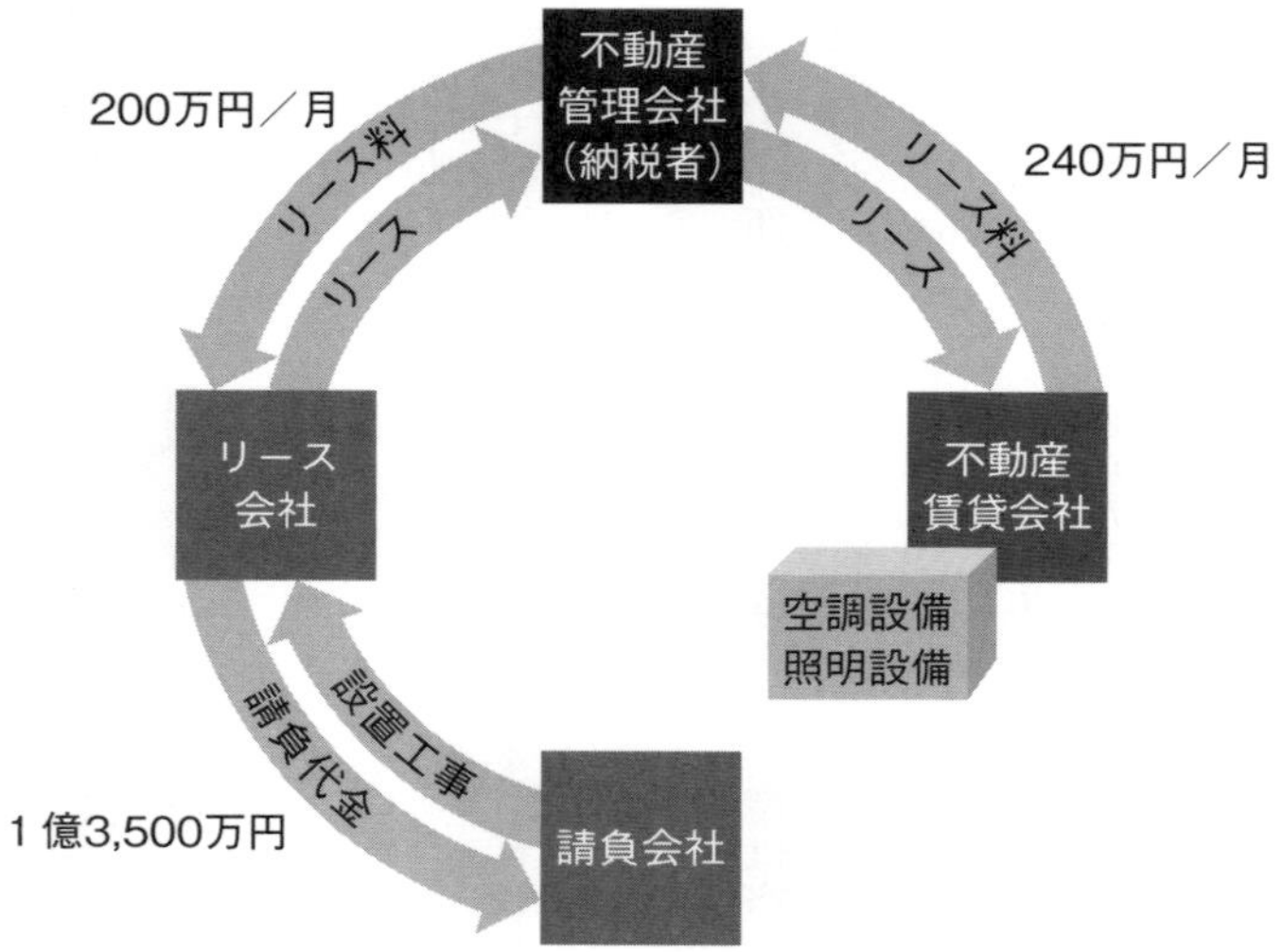

２００万円とされていました。

リース会社は、請負会社に対し、リース資産を設置する工事を発注し、請負代金として１億３５００万円を支払いました。リース会社は、平成24年1月に、請負会社からリース資産の引渡しを受け、それをそのまま納税者に引き渡しました。

並行して、納税者は、不動産賃貸会社との間で、同じリース資産を又貸しするリース契約を締結していました。納税者は、リース会社から引き渡しを受けたリース資産を、そのまま不動産賃貸会社に引き渡しました。

納税者は、不動産賃貸会社から、リース料を分割して受け取ることとされていました。不動産賃貸会社から受け取るリース料の金額は、リース会社に支払うリース料の２割増しで、当初は月額２４０万円とされていました。

会社は、ある事業年度に稼いだ所得に課される法人税を、翌事業年度の初日から2か月以内に申告して納める必要があります。

会社がモノを借りて賃料を支払うときは、支払賃料を法人税が課される所得から減らすことと定められています。支払賃料を費用として計上した事業年度の所得から、その支払賃料を減らすのです。

逆に、会社がモノを貸して賃料を受け取るときは、受取賃料を収益として計上した事業年度の所得に、その受取賃料を加えることと定められています。

リースは、税務上、モノの賃貸借と同じように取り扱うのが原則とされています。

そこで、納税者は、月額２００万円のリース料の支払を費用として計上した事業年度の所得から、その支払リース料を減らしました。また、月額２４０万円のリース料の受取りを収益として計上した事業年度の所得に、その受取リース料を加えました。

つまり、納税者は、リース期間中の事業年度の所得に、月額２４０万円の受取リース料を加えると同時に月額２００万円の支払リース料を減らして、法人税の申告をしたのです。

納税者は、自分の申告が間違っているとは、まったく思いませんでした。

税務当局が下した処分

「このリースは、売買じゃないか?」

税務当局は、このリースの条件を調べました。

実は、リースの中には、税務上、例外的にモノの賃貸借ではなく、モノの売買と同じように取り扱われるものがあるのです。

そのようなリースの条件の一つ目は、途中で解約できないタイプのリースで、借主がリース資産からもたらされる経済的な利益を実質的に享受できるものであることです。

二つ目は、借主が支払う「リース料の合計額」が、「リース資産の取得のために通常要する代金」のおおむね90%を超えるようなリースであることです。

この二つの条件を満たすリースは、税務上、モノの売買と同じように取り扱われます。

会社がモノを買って代金を支払うときは、支払代金を費用としてではなくモノを取得した価格として計上することになり、支払代金を所得からすぐにそのまま減らせません。

そのため、リースが税務上はモノの売買と同じように取り扱われると、借主は、支払代金とみなされる支払リース料を所得からすぐにそのまま減らすことができなくなるのです。

このリースは、途中で解約できないタイプでした。

また、納税者は、リース期間満了時にタダでリース資産を取得することができ、リース資産

賃貸借の場合

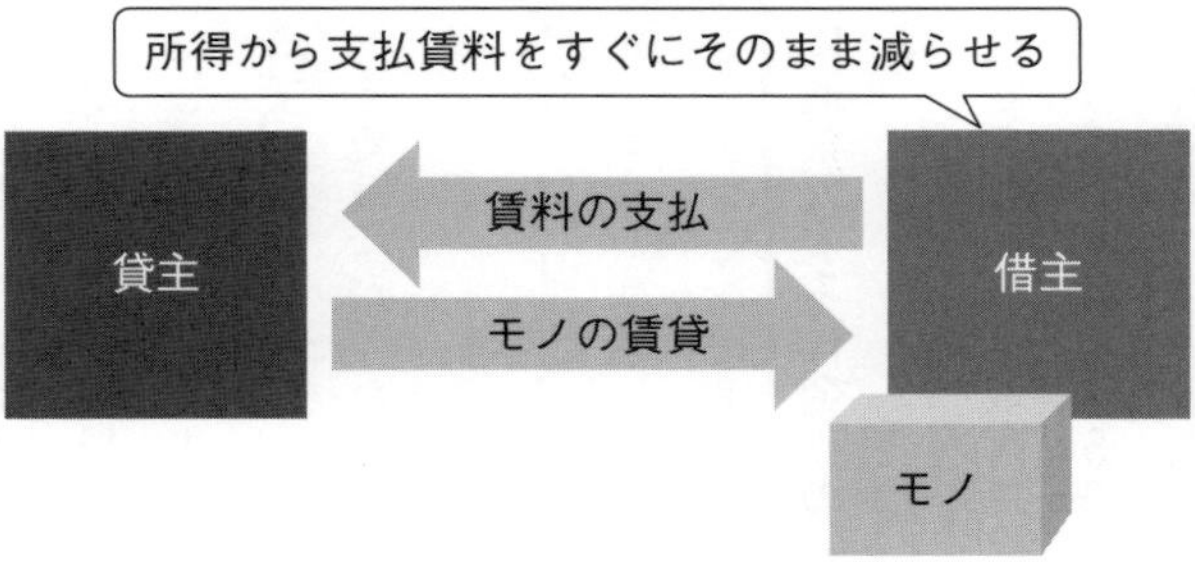

売買の場合

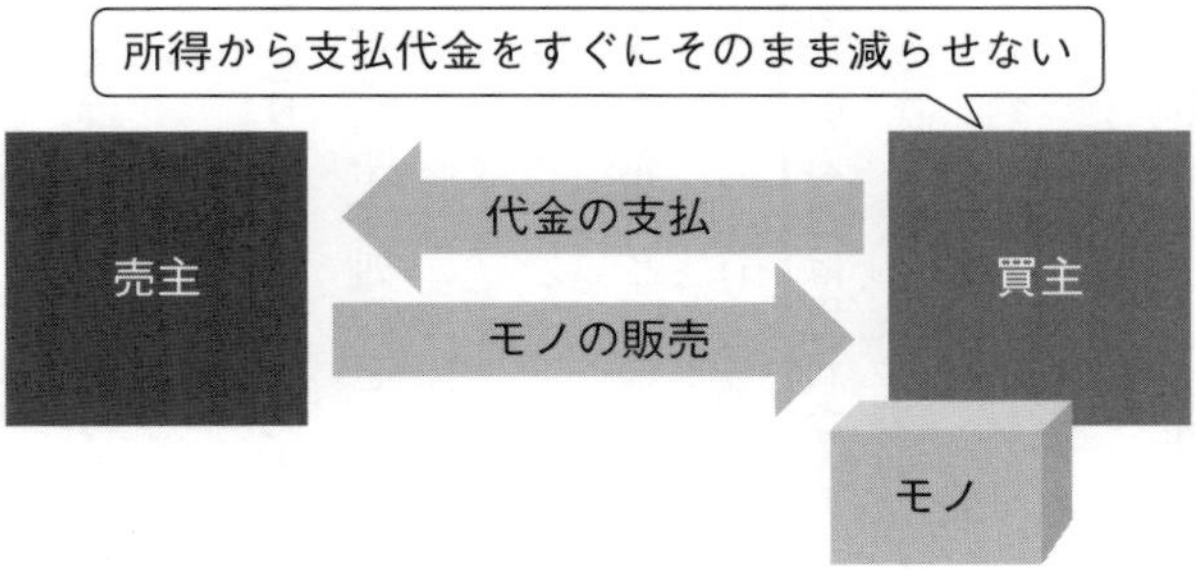

の維持費用や滅失・毀損についての危険も、全て負担していました。借主が、リース資産からもたらされる経済的な利益を実質的に享受できるリースといえます。

　しかも、「リース料の合計額」である1億3200万円は、リース会社がリース資産を取得するために請負会社に支払った1億3500万円の90％を超えています。

　税務当局は、リース資産を取得するために請負会社に支払った1億3500万円が「リース資産の取得のために通常要する代金」と考えました。そうすると、「リース料の合計額」は「リース資産の取得のために通常要する代金」の90％を超えていることになります。

したがって、税務当局は、このリースは税務上モノの売買と同じように取り扱うための条件を満たしていると考えました。

そこで、税務当局は、支払リース料をリース期間中の事業年度の所得からすぐにそのまま減らすべきではなかったとして、法人税を増やす処分を下しました。

「なんでこのリースが売買になるんだ！」

納税者は、このリースを税務上はモノの売買と同じように取り扱うべきだと税務当局に指摘されて、びっくりしました。納税者が支払う「リース料の合計額」が、「リース資産の取得のために通常要する代金」の90％を超えているとは思わなかったからです。

実は、リース会社は、リース資産を設置する工事を請負会社に発注する前に、請負会社を含む3社から見積りを取っていました。請負会社の見積りは1億3500万円でしたが、他2社の見積りの平均は1億5000万円でした。

この見積りの開きからすると、請負会社はリース会社と懇意にしていたので、「リース資産の取得のために通常要する代金」より安い見積りを提示した可能性がありました。

そうすると、納税者が支払う「リース料の合計額」は、「リース資産の取得のために通常要する代金」のおおむね90％を超えていないともいえます。

そこで、納税者は、審査請求に踏み切りました。

そして、納税者は、審判所に対し、不動産賃貸会社との間のリース契約書を提出しました。これは、税務調査の段階では提出していないものでした。

このリース契約書によれば、不動産賃貸会社との間のリースの期間は、リース会社との間のリースの期間と同一でした。

また、リース資産を不動産賃貸会社に引き渡すのはリースの期間の開始日で、不動産賃貸会社から受け取るリース料の月額は、リース会社に支払うリース料の月額の2割増しとされていました。

さらに、この不動産賃貸会社との間のリース契約書に定めのない事項は、リース会社との間のリース契約書に基づくものとされていました。

審判所が示した判断

さて、審判所は、どう判断したでしょうか？

まず、「リース資産の取得のために通常要する代金」はいくらかを検討しました。

そして、検討の結果、リース会社が請負会社に支払った1億3500万円に次の金額を合算した金額である1億5200万円を、「リース資産の取得のために通常要する代金」としました。

審判所は、1億3500万円に、リース会社がリース資産に関し負担した1200万円の固定資産税と、リース資産の代金を調達するために支払った500万円の利息を合算したのです。

次に、納税者が支払う「リース料の合計額」について検討しました。

納税者が実際にリース会社に支払うリース料は、1億3200万円です。しかし、審判所は、補助金交付機関からリース会社に対して交付される2000万円のシステム導入補助金も「リース料の合計額」に含めるべきだと判断しました。

そうすると、納税者が支払う「リース料の合計額」は1億5200万円となり、「リース資産の取得のために通常要する代金」と同額になります。

そのため、納税者が支払う「リース料の合計額」は、「リース資産の取得のために通常要する代金」のおおむね90％を超えるようなものであったと判断しました。

つまり、審判所は、リース会社との間のリースを税務上はモノの売買と同じように取り扱うべきという税務当局の主張を認めたわけです。

納税者は、請負会社の見積りは、懇意にしていたリース会社のために特別に安くしたものだと主張しました。

しかし、補助金交付機関は、システム導入補助金の交付を決定するにあたり、リース資産の価格の妥当性についても検査していました。そのため、審判所は、請負会社の見積りが特別に安かったわけではないと判断して、納税者の主張を斥けました。

でも、話はこれで終わりませんでした。

審判所は、新たに提出された不動産賃貸会社との間のリース契約書も検討しました。

納税者は、平成24年12月期の事業年度以降、月額２４０万円の受取リース料を、実際に収益として計上していました。

この金額は、リース会社に支払うリース料の月額２００万円の2割増しに相当するもので、確かに、不動産賃貸会社との間のリース契約書の記載内容と一致していたのです。

そこで、審判所は、納税者が契約書の記載どおりに収益を計上していたので、納税者と不動産賃貸会社は、実際にリース契約を締結したものと判断しました。

不動産賃貸会社との間のリースは、基本的にリース会社との間のリースと同じ条件でした。すなわち、途中で解約できないものであり、不動産賃貸会社がリース資産からもたらされる経済的な利益を実質的に享受できるものでした。

また、不動産賃貸会社が支払うリース料は、納税者が支払うリース料の2割増しでした。したがって、不動産賃貸会社が支払う「リース料の合計額」は、「リース資産の取得のために通常要する代金」のおおむね90％を超えるようなものといえました。

そこで、審判所は、不動産賃貸会社との間のリースも、税務上はモノの売買と同じように取り扱うべきと判断しました。

そうすると、納税者は、不動産賃貸会社に対しリース資産を売却し、リース料の合計額を代金として受け取ったものとして所得に加えることになります。

もっとも、リースの期間中の事業年度に分割して、受取リース料を収益として計上しているときは、同様に受取リース料を分割して所得に加える取扱いが認められています。

そして、これと同時に、支払リース料を分割して費用として計上しているときは、同様に支払リース料を分割して所得から減らす取扱いが認められています。

そうすると、リース期間中の事業年度の所得に、月額２４０万円の受取リース料を加えると同時に月額２００万円の支払リース料を減らした納税者の申告は、結果として正しかったことになります。

そのため、審判所は、結局、税務当局の処分を取り消して、納税者を勝たせたのです。

納税者が用いた武器

本件において、納税者が用いた武器は、いってみれば後出しジャンケンです。

一つ目の争点は、リース会社との間のリースを、税務上はモノの売買と同じように取り扱うかどうかでした。

納税者が支払う「リース料の合計額」が、「リース資産の取得のために通常要する代金」のおおむね90％を超えるかどうかが、問題となりました。

そして、納税者が支払う「リース料の合計額」に、補助金交付機関から交付される2000万円の補助金が含まれるかどうかが、判断の分かれ目でした。

この問題は、リースを税務上はモノの売買と同じように取り扱うべきか否かの基準を定める税金のルールの読み方で決まります。

つまり、事実の争いではなく、税金のルールの争いといえます。

この点について、税務当局は、この税金のルールの読み方について、「リース料の合計額」には補助金が含まれるという指針を出しました。そのため、審判所としても、これに反する判断を示すことは難しかったのでしょう。

結論として、審判所の判断は、税務当局の指針を追認する形となりました。

二つ目の争点は、不動産賃貸会社との間のリース契約が、本当に締結されていたかどうかでした。

こちらは、税金のルールの争いではなく、もっぱら事実の争いです。

税務当局は、税務調査中に、納税者に対し不動産賃貸会社との間のリース契約書の提出を求めていましたが、納税者は提出していませんでした。そこで、税務当局は、不動産賃貸会社との間のリース契約書は存在せず、リース契約は締結されていないと主張しました。

しかし、納税者は、税務調査が始まる前から、受取リース料を収益として計上しており、契約書の記載内容と一致する経理処理を行っていました。

そのため、審判所は、リース契約が締結されていたという事実は、税務調査中に契約書を提出したかにより左右されるものではないとして、税務当局の主張を否定しました。

そして、不動産賃貸会社との間のリースも税務上はモノの売買と同じように取り扱うべきと判断したため、結果として、税務当局の処分が取り消されることになりました。

納税者は、税金のルールの争いでは負けましたが、事実の争いで勝ったわけです。

このように、後出しジャンケンで出したリース契約書を武器として、不動産賃貸会社との間のリース契約が締結されていたという事実を決めたことが、本件の勝因といえます。

納税者は、審査請求が始まった後で、証拠を提出しても構いません。税務調査の段階で証拠を提出しておかなければ、納税者はその後一切証拠を提出できなくなるということはありません。

もちろん、税務調査中に税務当局から提出が求められている証拠は、税務調査中に提出しておくべきことが多いでしょう。しかし、さまざまな事情により、税務調査中は提出できないこともあります。

また、審査請求の準備をしていると、納税者がこれまで気づいていなかった有利な証拠を発見することもよくあります。

そのような場合は、審査請求が始まってから積極的に証拠を提出していくと、納税者にとって有利な議論を展開しやすくなるでしょう。税務当局は、その納税者に有利な証拠が存在することを考慮せずに処分を下してしまっている可能性が高いからです。

審判所には、第三者のレフェリーとして、審査請求が始まってから提出された証拠も考慮に入れてフェアな判断を下してくれることを期待しても良いでしょう。

第⑩話

契約書の定めを武器とした事例

国税不服審判所裁決平成31年3月14日

納税者が行った取引

第10話の納税者は、10月決算の会社です。

ある市内の土地で開発事業をすることを企画し、市長に対し開発許可を申請し、市長から開発許可を受けました。

その後、納税者は、譲受会社との間で、平成27年8月21日に譲渡契約書を作成し、開発事業に係る開発権を譲渡することに合意しました。

譲渡契約書によれば、開発事業に係る開発権は、開発許可だけではなく、開発事業に関連するさまざまな契約上の地位や、関連するレポートや図書に係る権利なども含んでいました。

また、納税者には、開発権を譲渡する手続を行う義務が課されていました。契約書上は、譲渡手続が完了したときに、納税者は開発権の全てを引き渡し、譲受会社は譲渡代金を支払うものとされていたのです。

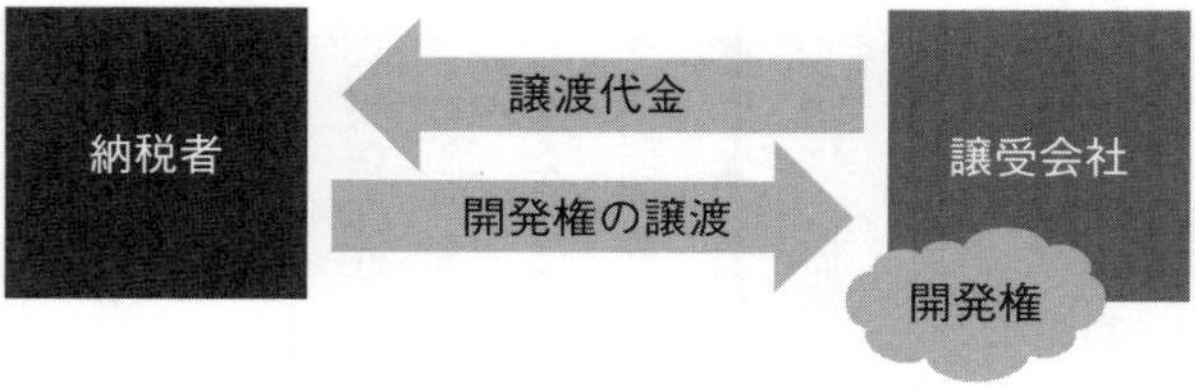

譲渡契約書の締結から2か月が過ぎても、まだ譲渡手続は完了していませんでした。

しかし、納税者と譲受会社は、同年10月27日に変更覚書を作成しました。そして、譲受会社は、譲渡代金の一部を同年11月2日に支払うことに合意し、そのとおりに支払いました。

その後、譲渡契約書を締結してから1年近くが経ちましたが、譲渡手続は完了していませんでした。しかし、納税者と譲受会社は、平成28年7月6日に清算合意書を作成しました。

清算合意書では、まず、譲渡代金の支払条件となっている譲渡手続は完了していないことが確認されました。そのうえで、両当事者ともに、清算合意書の締結をもって支払条件が満たされたものとみなして、譲渡代金の残額を支払うことに合意しました。

譲受会社は、同月13日に、清算合意書に従って譲渡代金の残額を支払いました。

会社は、ある事業年度に稼いだ所得に課される法人税を、翌事業年度の初日から2か月以内に申告して納める必要があります。

そこで、納税者は、譲渡代金の残額の支払を受けた平成28年10月期の所得に譲渡代金の全額を加えて、法人税の申告をしました。

ここで話が終われば、問題は生じなかったでしょう。

税務当局が下した処分

「開発許可を承継したのは、いつだ？」

税務当局は、譲受会社が開発許可を承継したタイミングについて調べました。

譲受会社は、平成27年8月21日に、納税者から開発許可を承継したとして、市長に対し開発許可の承継を承認するよう申請していました。譲受会社は、同年10月31日までに、市長から開発許可の承継を承認されていたのです。

次に、税務当局は、納税者の消費税に関する届出書を調べました。

会社は、ある事業年度にモノを譲渡して稼いだ代金に課される消費税を、翌事業年度の初日から2か月以内に申告して納める必要があります。

どの事業年度にモノを譲渡したとされるかは、モノを譲渡して稼いだ代金をどの事業年度の所得に加えて法人税を申告するかでおおむね決まります。

会社の売上高が小さいときは消費税が免除されますが、その会社が消費税を免除されたくな

本事例の流れ

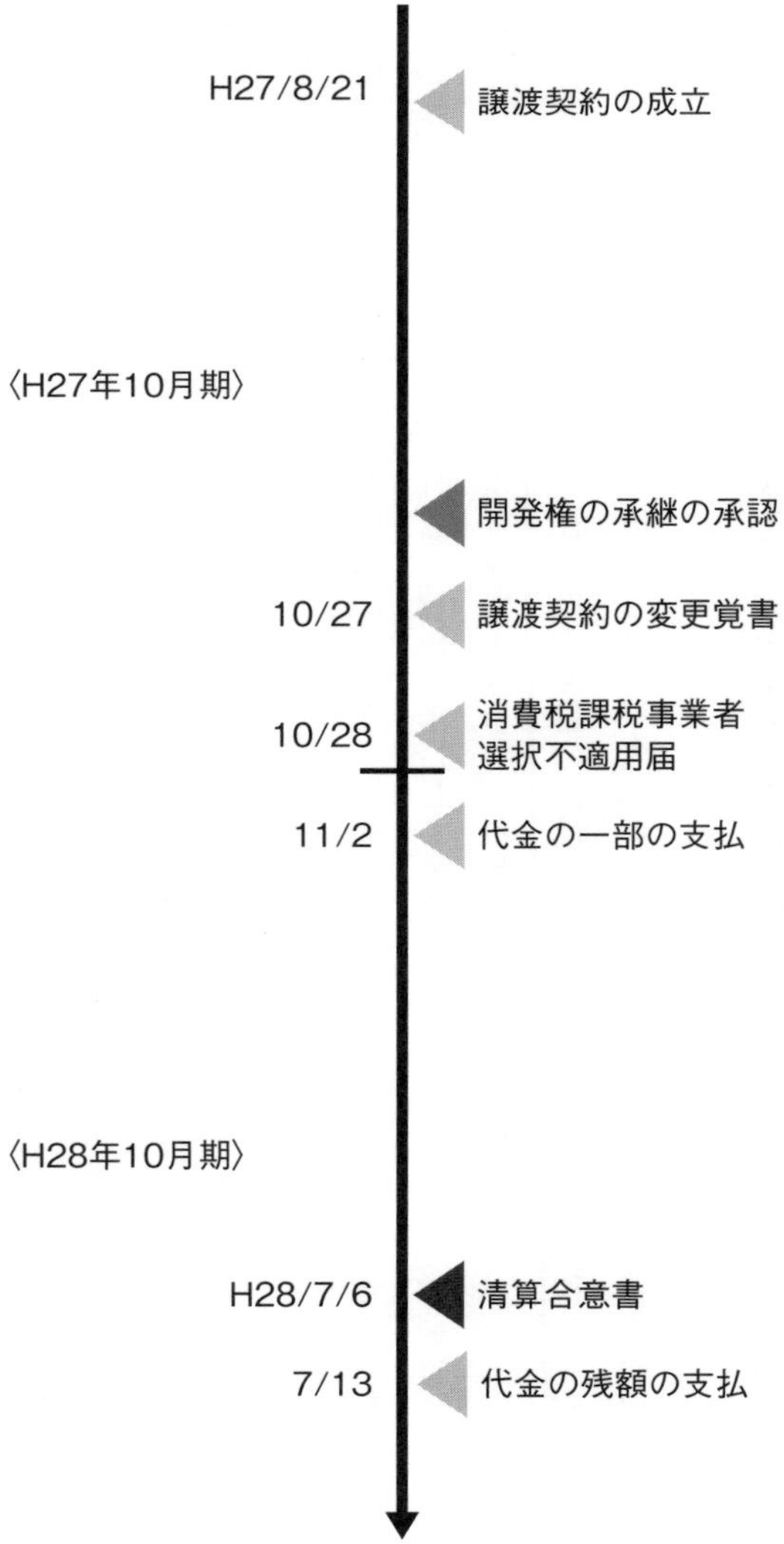
H27/8/21
譲渡契約の成立
〈H27年10月期〉
開発権の承継の承認
10/27
譲渡契約の変更覚書
10/28
消費税課税事業者
選択不適用届
11/2
代金の一部の支払
〈H28年10月期〉
H28/7/6
清算合意書
7/13
代金の残額の支払

ければ、税務当局に届け出れば消費税は免除されなくなります。

何故そんなことをするのかですって？

それは、消費税の還付を受けることができて納税者に有利になる場合があるからです。

その後、その会社が消費税を免除される会社に戻りたければ、ある事業年度の末日までに税務当局に届け出れば、翌事業年度から消費税が免除されます。

納税者は、売上高が小さいために消費税が免除される会社でしたが、税務当局に届け出て、消費税を申告していました。

そのため、納税者が、もし開発権の譲渡代金を平成27年10月期の所得に加えて法人税の申告をしていれば、譲渡代金に課される消費税も申告して納める必要がありました。消費税との関係でも、同じ平成27年10月期に開発権を譲渡したものとされるからです。

ところが、納税者は、平成27年10月期の末日の直前である同月28日に、消費税を免除される会社に戻ることを税務当局に届け出ました。平成28年10月期には、納税者は消費税が免除される会社に戻っていたのです。

そして、納税者は、開発権の譲渡代金を平成28年10月期の所得に加えて法人税を申告したので、消費税との関係でも、平成28年10月期に開発権を譲渡したものとされました。

それにより、納税者は、譲渡代金に課される消費税を申告して納めることを免れたわけです。

「悪質な消費税逃れだ！」

「納税者は開発権の譲渡代金に課される消費税を免れるために、わざと譲渡代金を法人税が課される所得に加えるタイミングを遅らせたに違いない！」

税務当局は、許しがたい行為だと怒りました。

「開発許可、開発事業に関連する契約上の地位、関連するレポートや図書などに係る権利が、譲渡代金の支払日前に、適法かつ有効に引き渡されていると契約書に書いてあるではないか！」

税務当局は、そう考えたのです。

譲受会社は、平成27年10月31日までに開発許可の承継を承認されていました。譲受会社の代表者も、譲渡契約書の締結日に開発権を引き渡されたと認識していました。それで、譲受会社は、開発権を早々に資産として計上していたのです。

そこで、税務当局は、譲受会社が開発許可の承継を承認された平成27年10月期の所得に、開発権の譲渡代金を加えるべきだったとして、納税者の法人税を増やす処分をしました。

加えて、平成27年10月期に開発権を譲渡したので、譲渡代金に課される消費税を申告して納めるべきだったとして、消費税を増やす処分もしました。

それだけではありません。

「納税者は、譲受会社と共謀して虚偽の譲渡契約書を作成したに違いない」

「消費税を免れることを意図して、消費税の納付をやめることを届け出たのだろう」

「納税者は、平成27年10月期の申告書を作成した税理士に対し虚偽の説明を行って、法人税・消費税の計算のベースとなるべき事実を仮装したことになるぞ」

税務当局は、そう決めつけたのです。

それゆえ、納税者が法人税・消費税の計算のベースとなるべき事実について「隠蔽又は仮装」したときに課される、税率の高い重加算税を課す処分をしました。

さらには、譲渡代金を所得に加えるタイミングを遅らせたことに「隠蔽又は仮装」があったとして、税務上有利な取扱いが受けられる青色申告の承認を取り消す処分もしたのです。

審判所が示した判断

「えっ、青色申告まで取り消されるのか！」

納税者は、契約書の定めに従って税金の申告をしただけと考えていました。税務当局から、「隠蔽又は仮装」があったとして重加算税を課され、さらには青色申告の承認まで取り消されるのは、心外でした。

そこで、納税者は、審査請求に踏み切りました。

さて、審判所はどう判断したでしょうか？

まず、開発権の譲渡代金を所得に加えるタイミングについて検討しました。

会社が、譲渡契約を締結してモノを譲渡し、その代金について収益を計上するときは、その収益を法人税が課される所得に加えることと定められています。

また、収益は、その実現があった事業年度、つまり、その収入すべき権利が確定した事業年度の所得に加えるものとされています。

したがって、審判所は、開発権の譲渡代金もその収入すべき権利が確定した事業年度の所得に加えることになるとしました。そして、収入すべき権利が確定するタイミングは、納税者が開発権の全てを引き渡したときになると判断したのです。

次に、審判所は、譲渡契約書の定めを確認しました。

譲渡契約書によると、開発許可だけではなく、開発事業に関連するさまざまな契約上の地位や、関連するレポートや図書に係る権利なども、開発事業に係る開発権に含まれていました。

また、納税者は、譲渡手続を完了させる義務を負っていました。譲渡手続の完了を条件として、納税者は開発権の全てを引き渡し、譲受会社は譲渡代金を支払うというのが、譲渡契約書の定めだったのです。

そのため、審判所は、譲渡契約書の定めに沿って、譲渡手続が完了するまでは開発権の全ての引渡しは効力が生じないと判断しました。

ところで、譲渡契約書によれば、納税者は、譲渡手続の一環として、開発事業に関連するさまざまな契約上の地位の移転について引継契約を締結する義務を負っていました。

しかし、清算合意書を締結した時点では、納税者は、そのうち一部の契約について引継契約を締結しただけでした。譲渡契約書に従えば、清算合意書の締結時には、開発権の全ての引渡しは効力が生じていないことになります。

納税者と譲受会社が、清算合意書で譲渡代金の支払条件が満たされていないことを確認したのは、そのためだったのです。それで、清算合意書の締結をもって支払条件を満たしたものとみなすことに合意し、開発権の譲渡代金の残額を納税者に支払うことにしたわけです。

審判所も、譲渡契約書の定めに従い、清算合意書の締結により譲渡手続が完了し、譲渡代金の支払条件が満たされたと考えました。そして、清算合意書が締結された平成28年7月6日に、譲渡代金を収入すべき権利が確定したといえるから、平成28年10月期の所得に譲渡代金を加えるべきと判断しました。

その結果、審判所は、法人税を増やす処分を取り消して、納税者に軍配を上げました。そうすると、消費税の関係でも、消費税が免除される会社に戻っていた平成28年10月期に開発権を譲渡したことになります。そのため、消費税を増やす処分も取り消しました。

さらに、審判所は、結局のところ譲渡契約書は虚偽ではなく、法人税・消費税の計算のベースとなるべき事実について「隠蔽又は仮装」もなかったと判断しました。それゆえ、重加算税を課す処分も、青色申告の承認を取り消す処分も、みんな取り消してしまいました。

納税者が用いた武器

本件において、納税者が用いた武器は、契約書の定めです。

争点は、開発権の譲渡代金を所得に加えるタイミングでした。そのタイミングが、平成27年10月期と平成28年10月期のいずれかが問題でした。

このタイミングで、譲渡代金に課される消費税を納めるべきかどうかも決まります。また、重加算税や青色申告の承認取消しに関する処分も、この点にかかっていました。

税務当局は、開発権の引渡しは、平成27年10月期中に完了していたと主張しました。

しかし、譲渡契約書には、開発権の定義とその譲渡手続が明記されていました。そして、実際に、開発権に含まれる開発事業に関連する契約上の地位の承継が、清算合意書の締結日の時点で完了していませんでした。

そのため、税務当局の主張は、譲渡契約書の定めとそれに基づく履行状況に反するものとして斥けられました。

税務当局は、開発権に関連する権利が、譲渡代金の支払日前に適法かつ有効に譲受会社に引き渡されていると譲渡契約書に記載されているとも主張しました。

しかし、譲渡契約書に記載されていたのは、正確には譲渡対価を支払う条件でした。つまり、開発権に含まれる権利が適法かつ有効に引き渡されていることを条件に譲渡対価を支払うこととされているだけでした。

税務当局の主張は、契約書の読み誤りとされてしまいました。


やむなく、税務当局は、次のように主張しました。

譲渡契約書において、開発事業に関連する契約上の地位の承継を含む一切の義務を履行・遵守していることが支払条件とされているのは、不自然・不合理だと主張したのです。

清算合意書では、支払条件が満たされていないにもかかわらず譲渡代金の支払に合意しているのだから、そんな支払条件は信用できないというわけです。

そして、支払条件が不自然・不合理であることを理由に、納税者は事実を仮装したと主張しました。納税者は、譲受会社と共謀して虚偽の譲渡契約書を作成し、申告書を作成した税理士に対して虚偽の説明をしたと主張したのです。

しかし、契約書に定められた条件を全て満たしてはじめて譲渡代金を支払うという支払条件自体は、通常の取引においても見られます。本件のような支払条件が不自然・不合理であるとは、一概にはいえないでしょう。

この支払条件を根拠に譲受会社との共謀があったとするのは無理があり、共謀の裏付けが不十分だったといわざるを得ません。

このように、契約書の定めを武器として、契約締結から代金支払に至るまでを履行状況も含めて合理的に説明し、開発権の引渡しのタイミングを決めたことが、本件の勝因といえます。

納税者が行った取引の内容が争われているときは、まず、その取引に関する契約書にどのように定められているかが出発点となります。

契約書には、その取引に関する当事者間の合意内容が定められるわけですから、契約書が出発点となるのは、当然といえば当然です。

特に、独立してビジネスを営む会社が、取引の内容について交渉を重ねたうえで契約書を作成している場合は、契約書の定めを否定するのは簡単ではありません。

契約書の定めに従って、取引の履行状況がそれなりに合理的に説明できる場合は、契約書の定めどおりに取引の内容が決まることが多いでしょう。

逆に、税務当局が契約書の定めを否定しようとすると、取引の実態が契約書の定めに反することを、丁寧に論証していく必要があります。もともと取引の実態を知らない税務当局にとっては、これはハードルの高い作業になります。

そのため、契約書は、単に取引の相手方との関係を決めるだけでなく、実際上、取引に係る税金の有無・納期・金額も決めてしまうパワーを秘めているといえるでしょう。

それゆえ、納税者としては、税務の観点からも、予め契約書の定め方を検討しておくことがとても重要なのです。

第⑪話

ビジネスモデルを武器とした事例

国税不服審判所裁決平成30年6月19日

納税者が行った取引

第11話の納税者は、3月決算の会社です。

納税者は、太陽光発電事業を営むために、請負会社に対し、発電システム本体とフェンスの設置工事を発注しました。そして、平成28年3月28日に引渡しを受けて、同月31日までに請負代金を支払いました。

その後、納税者は、同年6月15日に、電力会社との間で、再生可能エネルギー電気の調達・供給・接続に関する契約を締結しました。その契約により、納税者は、発電システム本体を電力会社の送配電網に接続するための工事の負担金を支払うことに合意したのです。

電力会社は、送配電網に接続するための工事を、同年9月28日に完了しました。納税者は、その日から電力の供給を開始しました。

納税者は、送配電網への接続が行われた後、発電システム本体により発電した全ての電力を、

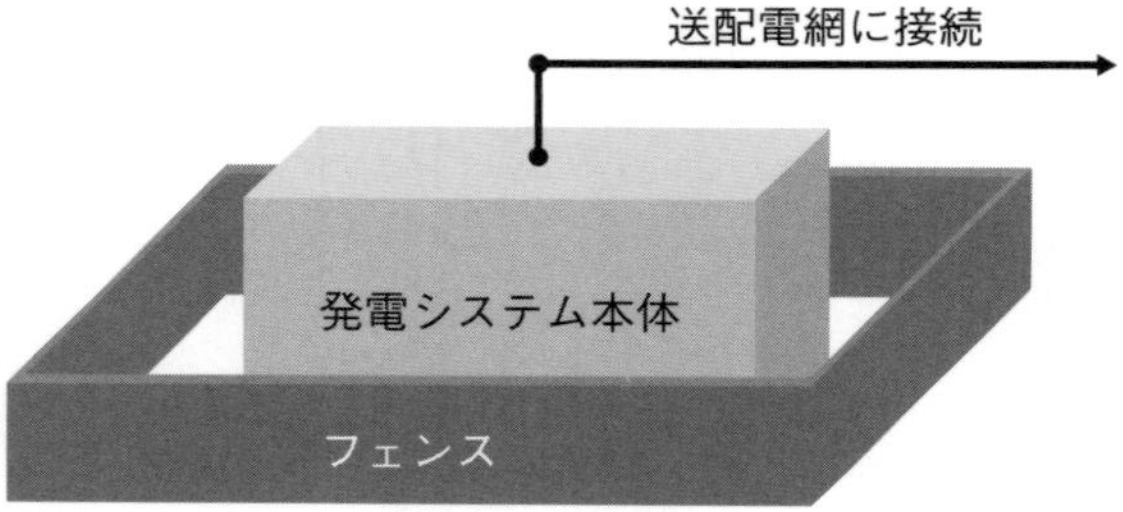

実際に電力会社に売電しています。

「ぎりぎり、間に合った……」

会社がモノを買って代金を支払うときは、支払代金を費用としてではなくモノを取得した価格として計上することになり、法人税が課される所得からすぐにそのまま減らせません。

しかし、この取引の当時は、会社が平成28年3月31日までに生産性の向上に役立つ設備を取得して事業のために用いたときに適用される、特別な税金のルールがありました。

それは、その事業のために用いた事業年度の所得から、その設備を取得するための代金の全額をすぐにそのまま減らせるというルールです。

納税者は、この発電システム本体とフェンスがこの特別な税金のルールが適用される設備であることについて、担当官庁の確認を得ていました。

もし、平成28年3月31日までに発電システム本体とフェンスを取得して事業のために用いたといえれば、平成28年3月期の所得から、そ

本事例の流れ

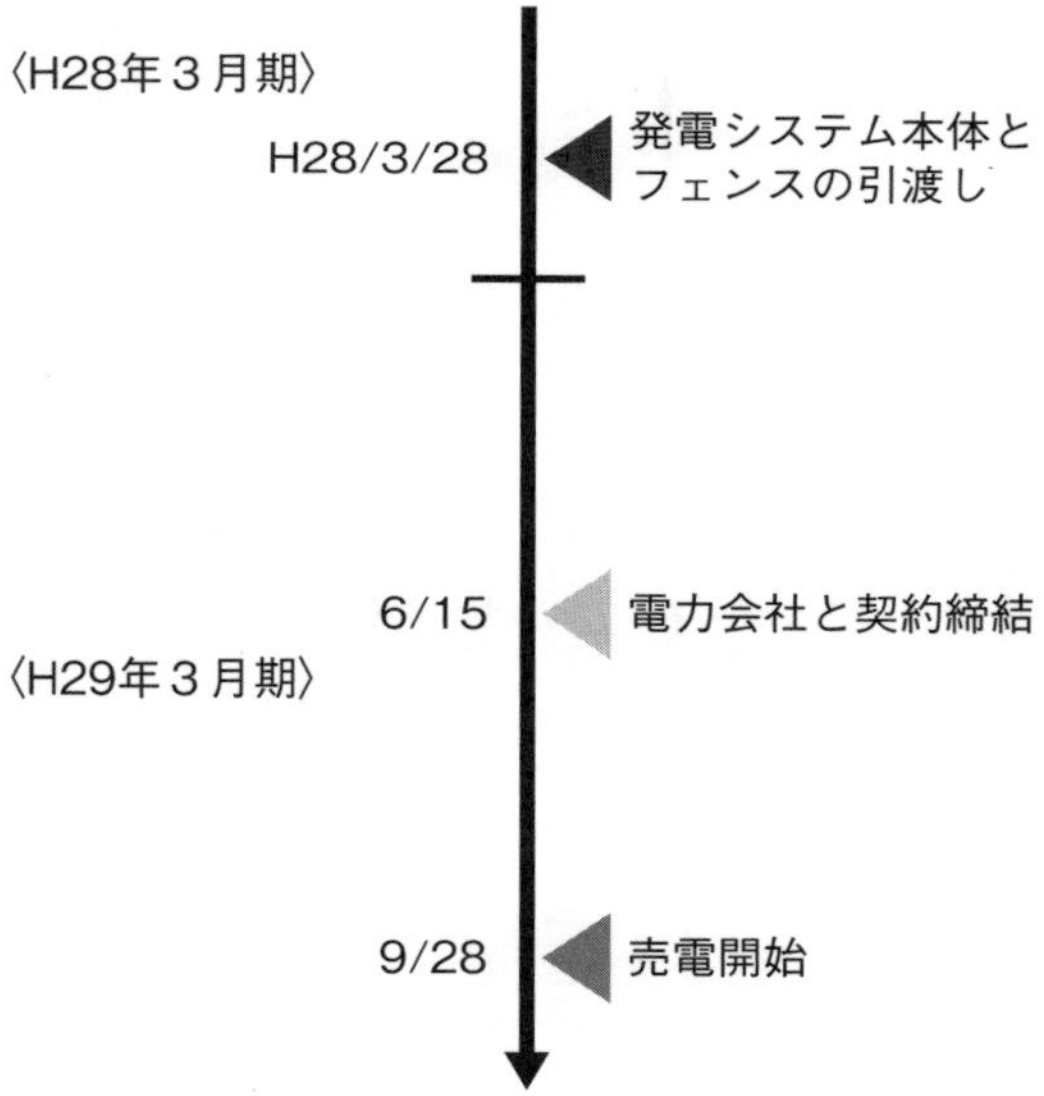

の代金の全額をすぐにそのまま減らせます。納税者にとっては、税務上とても有利な取扱いとなるわけです。

他方、もし平成28年3月31日までに事業のために用いるのが間に合わなければ、平成28年3月期の所得から、その代金の全額をすぐにそのまま減らすことはできません。

つまり、平成28年3月31日の期限に間に合うかどうかが、大きな分かれ目でした。納税者が、平成28年3月期末の直前に発電システム本体とフェンスの引渡しを受けたのは、この期限に間に合わせるためでした。

納税者は、これらの設備を平成28年3月31日までに事業のために用いたとして、平成28年3月期の所得から、その代金の全額をすぐにそのまま減らしました。
きっと、ぎりぎりのタイミングで間に合ったと安堵していたでしょう。

税務当局が下した処分

「事業のために用いたのは、いつだ?」

税務当局は、発電システム本体とフェンスを事業のために用いたタイミングを調べました。会社が、法人税が課される所得から、モノを取得するための代金を減らしていくタイミングについては、そのモノを取得した日とその種類の区分に応じて定められています。

そのため、税務当局は、発電システム本体とフェンスのそれぞれについて、事業のために用いた日がいつかを判断することとしました。

まず、発電システム本体について、電力会社による電力の買取りは、電力会社の送配電網に供給された電力について行われることに着目しました。

電力会社の送配電網への接続が完了しなければ、発電システム本体により発電した電力を売電できません。実際、納税者が電力の供給を開始したのは、送配電網への接続が完了した後であり、発電システム本体の使用を開始したのは、平成28年9月28日だったのです。

そこで、税務当局は、その日が発電システム本体を事業のために用いた日になると考えました。そうすると、平成28年3月31日の期限までには、発電システム本体は事業のために用いられていないことになります。

したがって、平成28年3月期の所得から、発電システム本体を取得するための代金の全額をすぐにそのまま減らすことはできなくなります。

次に、フェンスについてですが、確かに、フェンスは、平成28年3月28日までに工事を完了し、納税者に引き渡されていました。

もっとも、納税者は、フェンスを含む発電システム全体について、生産性の向上に役立つ設備であるという確認を担当官庁から受けていました。

フェンスは、単独では、生産活動のために直接用いられる資産とはいえません。したがって、あくまでも、フェンスを生産活動のために直接用いられる発電システム本体と一体として取得し、一体として事業のために用いたものとみるべきだと税務当局は考えました。

そのため、税務当局は、フェンスについても、発電システム本体を事業のために用いた日である平成28年9月28日に事業のために用いたものと考えました。

そこで、平成28年3月期の所得から、発電システム本体とフェンスを取得するための代金の全額をすぐにそのまま減らすことはできないとして、法人税を増やす処分をしました。

審判所が示した判断

「こんな処分は、ありえない！」

納税者にとっては、この処分は想定外でした。ぎりぎりのタイミングで期限に間に合ったはずだと考えていたからです。

平成28年3月期の所得から、発電システム本体とフェンスを取得するための代金の全額をすぐにそのまま減らせないとなると、事業計画が狂ってきます。

そこで、納税者は、審査請求に踏み切りました。

さて、審判所は、どう判断したでしょうか？

審判所は、発電システムとフェンスのそれぞれについて、事業のために用いたタイミングを検討しました。

まず、発電システム本体については、電力会社の送配電網に接続するための工事が完了しなければ、物理的に発電した電力を送配電網に供給できないことを確認しました。

つまり、発電システム本体を送配電網に接続するまでは、電力会社への売電による収益を上げることができない状態だったということになります。

送配電網に接続するための工事が完了したのは、平成28年9月28日でした。納税者は、平成

28年3月期においては、電力会社に売電できなかったわけです。

そのため、発電システム本体は、平成28年3月期にその属性に従ってその本来の目的のために使用を開始したとはいえず、事業のために用いたとはいえないと審判所は判断しました。

この点では、税務当局の主張が認められたことになります。

次に、審判所は、フェンスについて検討しました。

発電システム本体は、太陽光電池、受変電設備といった各機械装置が電線ケーブルによって物理的に連結されています。これらが一体となって、売電のために必要な機能を発揮しているのです。他方、フェンスは、発電システム本体から物理的に独立した構築物です。発電、変電および送電といった売電のために必要な機能はありません。発電システム本体と一体となって売電のための機能を果たすものでもありません。

また、発電システム本体は、高圧の機械装置です。発電システムに関するルールにより、安全上適切な措置を講ずることが義務づけられています。つまり、第三者による感電などの事故や、発電システム本体の盗難や毀損を避ける必要性がある機械装置といえます。

それゆえ、フェンスは、外部からの侵入などを防止することにより発電システム本体を保護することを目的として設置され、使用されたわけです。

したがって、発電システム本体とフェンスは、物理的にも機能的にも一体とはいえないから、別個の資産であると審判所は判断しました。

続いて、平成28年3月28日から9月28日までの間のフェンスの機能を検討しました。

その期間中においても、発電システム本体への接触による感電などの事故や、発電システム本体の盗難や毀損を避ける必要性があることに変わりはありません。そのため、フェンスは、実際にその目的に沿った機能を発揮していたわけです。

したがって、フェンスは、平成28年3月28日から、その属性に従ってその本来の目的のために使用を開始されたと判断されました。つまり、審判所は、フェンスについては、平成28年3月期に事業のために用いたと判断したことになります。

その結果、平成28年3月期の所得から、フェンスを取得するための代金の全額をすぐにそのまま減らすことは認められ、税務当局の処分は一部取消しとなりました。

納税者が用いた武器

本件において、納税者が用いた武器は、太陽光発電のビジネスモデルです。

争点は、発電システム本体とフェンスを事業のために用いたといえるのは、平成28年3月期と平成29年3月期のいずれかでした。

税務当局は、納税者が、フェンスを発電システム本体と一体として取得したことから、一体として事業のために用いたものとみるべきだと主張しました。

しかし、納税者は、発電システム本体とフェンスの資産としての属性とその本来の目的について、太陽光発電のビジネスモデルに沿って、詳細に説明しました。

その結果、審判所は、フェンスの資産としての属性やその本来の目的は、発電システム本体のそれとは異なるものであると判断しました。

発電システム本体とフェンスとは、物理的にも機能的にも一体とはいえないとして、個別に事業のために用いた日がいつかを判断したわけです。そして、フェンスについては、引渡しを受けた平成28年3月28日、つまり、平成28年3月期に事業のために用いたと判断しました。

このように、太陽光発電のビジネスモデルを武器に、フェンスを平成28年3月31日までに事業のために用いたという事実を決めたことが、本件の勝因といえるでしょう。

もっとも、納税者の主張は、フェンスについては認められましたが、発電システム本体については認められませんでした。その後、納税者は裁判所でも争いましたが、やはり認められませんでした。

おそらく、発電システム本体のほうがフェンスよりも取得するための代金は高いでしょう。納税者は、一部主張が認められたとはいえ、不満が残る結論だったかもしれません。

納税者のビジネスモデルを具体的かつ詳細に説明することが、常に納税者に有利に働くとは限りません。逆に、内容によっては、税務当局に有利に働くこともあり得ます。

税務当局は、もちろん税務のプロですが、納税者のビジネスについては素人です。納税者のビジネスモデルについて、はじめから証拠を有しているわけではありません。税務調査の過程で証拠を収集して、ようやくおぼろげに納税者のビジネスモデルが見えてくるというのが実情と思われます。しかも、税務調査は期間が限定されており、事実上、収集できる証拠には限界があります。

さらに、税務当局が、いったん課税処分に踏み切ってしまうと、後から追加で納税者から証拠を収集するのは難しくなります。課税処分の対象となった部分については、既に税務調査が終わっているはずだからです。

他方、納税者は、自分のビジネスモデルなので、その内容を熟知しているはずです。また、納税者の手元には、そのビジネスモデルを具体的かつ詳細に説明できる証拠がたくさんあるはずで、いくらでも追加で証拠を提出できます。

納税者としては、自分のビジネスモデルをベースに主張を組み立てて、自分のビジネスモデルの土俵で勝負をすると、一般的には有利な議論を展開しやすいといえるでしょう。

第⑫話

自分の説明と違う客観的事実を武器とした事例

国税不服審判所裁決平成30年5月10日

納税者が行った取引

第12話の納税者は、11月決算のシステム開発会社です。納税者の代表者は、8月決算の運送会社の代表者も兼任していました。また、納税者と運送会社は、同じ事務所を本社事務所としていました。

会社は、ある事業年度に稼いだ所得に課される法人税を、翌事業年度の初日から2か月以内に申告して納める必要があります。

そのため、納税者は、従来から申告期限内に法人税の申告をしていました。

税務当局は、税務調査に入り、平成20年11月期から平成23年11月期までの法人税について調べました。

そして、運送事業に係る売上、保険金収入、貨物自動車の売却収入および預金利息が、運送会社名義の銀行口座に入金されており、納税者の所得に含まれていないことを発見しました。

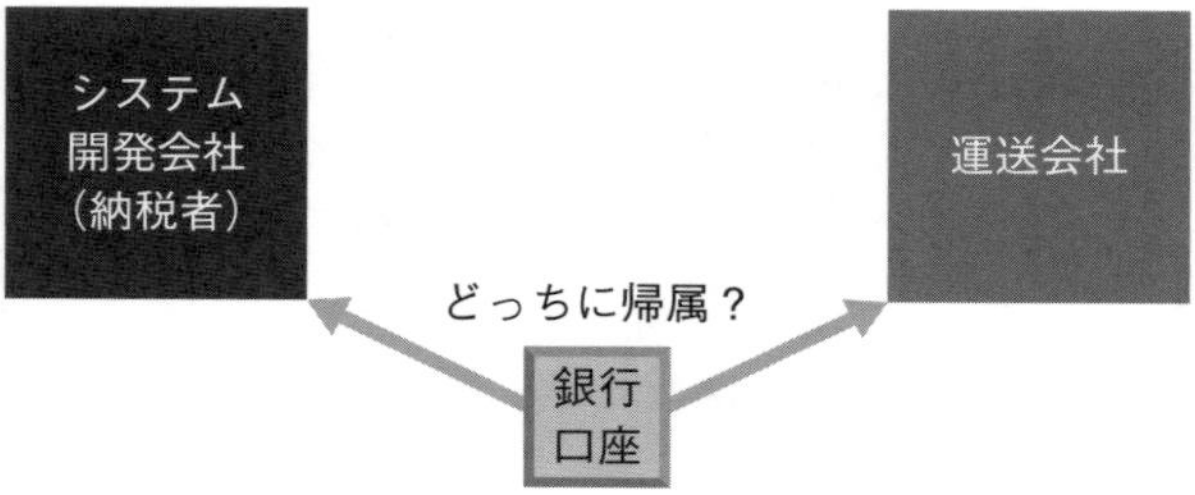

税務当局は、さらに調査を進めた結果、これらの入金額は、本来は運送会社ではなく納税者のものではないかと考えました。そこで、税務当局は、これらの入金額は納税者のものであるから、納税者の所得に加えるべきであると説明しました。そして、平成20年11月期から平成23年11月期までについて、納付する法人税を増やすべきだと指摘しました。

これを受けて、納税者は、平成27年12月に、納付すべき法人税を増やす方向で申告書を修正しました。

「ほんとは、違うんだよな……」

しかし、納税者は、本心では、税務当局の説明に納得していませんでした。運送会社名義の銀行口座に入金された運送事業に係る売上などは、あくまでも運送会社のものであって、本当は納税者のものではないと考えていたためです。

いったん提出した申告書に記載した法人税を減らしたいときは、申告期限から5年以内に、税務当局に対し法人税を減らす更正をすべきことを請求する必要があります。

そこで、納税者は、平成28年8月に、銀行口座に入金された金額は納税者のものではないとして、平成23年11月期の法人税を減らす更正をすべきことを請求しました。

なお、平成22年11月期以前の法人税については、更正の請求をする期限が過ぎていたため、断念しました。

税務当局が下した処分

「納税者のものであることに変わりはないね」

税務当局は、納税者からの更正の請求を受けて、運送会社名義の銀行口座に入金された金額が納税者のものといえるかどうかについて再検討しました。しかし、その結果は、以前の税務調査の結果と変わりませんでした。

そのため、平成29年2月に、納税者に対し、「法人税を減らす更正をすべき理由がないという通知」をする処分をしました。

納税者は、この処分に納得がいかないときは、審判所に審査請求をすることが認められています。

納税者にとっては、この処分は、要するにゼロ回答ですので、到底納得がいきません。そこ

本審査請求に至るまで

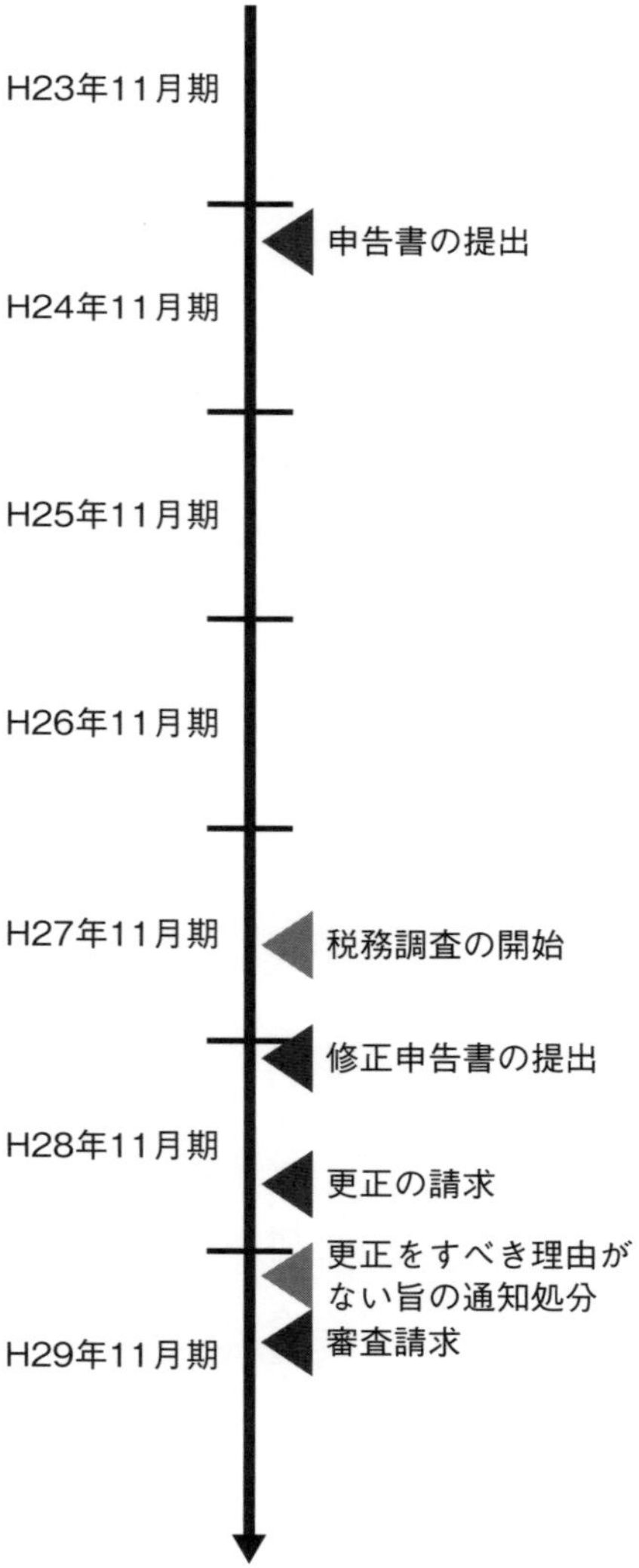
H23年11月期
申告書の提出
H24年11月期
H25年11月期
H26年11月期
H27年11月期
税務調査の開始
修正申告書の提出
H28年11月期
更正の請求
更正をすべき理由が
ない旨の通知処分
審査請求
H29年11月期

で、平成29年5月に、この処分の取消しを求めて審査請求をしました。

「自分の売上だと言っていたじゃないか！」

以前の税務調査で、納税者の代表者は、税務当局に対し運送会社は平成20年9月以後休業していたと説明していました。そして、運送会社名義の銀行口座に平成20年9月以後振り込まれている運送業務に係る売上は、実際には納税者のものだったと説明していたのです。

「私は、かつて、運送会社において取引先の担当者を務めていた」

「それで、取引先は、納税者ではなく運送会社に運送業務を依頼したと思い込んでしまい、運送会社名義の銀行口座に運送代金を振り込んでしまったのだろう」

「運送会社が倒産した混乱により、この銀行口座への振込みの事実を、納税者の申告を担当した税理士に伝えるのを忘れていた」

「その後も、運送会社名義の銀行口座に振り込まれたカネを、納税者の売上に計上せずに納税者の事業資金として使う形が定着してしまった……」

税務当局は、代表者からこんな説明を受けていたのです。

そのため、納税者は、運送会社が休業したことを利用して、取引先に対し運送会社名義の銀行口座に売上代金を振り込むよう指示して、売上を除外したと税務当局は主張しました。したがって、銀行口座に入金された金額は、実際には納税者のものだったというわけです。
また、税務当局は、代表者の説明の裏付けとして、運送会社は平成21年8月期以後の法人税の申告書を提出していなかったことを確認していました。それで、代表者の説明どおり運送会社は休業していたと主張したのです。

税務当局は、さらに、納税者が更正の請求をするに際し、運送会社名義の銀行口座の入金額が運送会社のものであることを証明する証拠を提出していないことを指摘しました。

つまり、この銀行口座の入金額について、運送会社のものである事実が確認できないため、納税者のものであるとみるべきだと主張したわけです。

また、納税者の代表者は、平成26年2月に、税務当局が運送会社の滞納状況を調査していた際に、運送会社の事業について次のように説明していました。

「平成20年秋頃には、自分の体調が悪くなり、運送会社の経理を経理担当者に任せきりにしていたため、傭車料の支払遅延の噂が広まってしまった」

「それで、従業員が次々と辞めて、運送会社の事業が立ち行かなくなってしまった」

「その後、平成21年3月末までは、運送会社が運送手配をしていたものの、事実上倒産してしまった……」

税務当局は、代表者の税務調査段階での説明は、この運送会社の滞納状況の調査における代表者の説明とも整合しているから信用できると主張しました。

審判所が示した判断

さて、審判所は、どう判断したでしょうか？

審判所は、運送会社名義の銀行口座の入金額がどちらのものかを判断するために、運送会社の業務の実態について検討しました。

運送料をこの銀行口座に振り込んでいた取引先は、平成20年11月まで、実際に運送会社に配送業務を依頼して運送料を振り込んでいました。

取引先からの振込みは、取引先が保管していた請求書に基づくものでした。請求書を発行したのは運送会社であり、取引先はこれらの振込みを運送会社に対する運送料の支払として経理していました。

そして、この一連の振込みに至る流れは、平成20年8月以前における運送料の振込みと何ら変わるところはありませんでした。

そのため、審判所は、これらの振込みは、取引先が運送会社の行った運送業務の料金として支払ったものと判断しました。

また、運送会社は、平成20年8月期末において、使用者を運送会社とする貨物自動車を登録していましたが、この貨物自動車の登録状態は、同年9月以後も継続していました。

運送会社は、平成20年8月期まで、運送事業に関する費用の支払のために運送会社名義の銀行口座を使用していましたが、同年9月以後も銀行口座から傭車料の支払がありました。

納税者の代表者も、運送会社は平成20年秋頃から事業が立ち行かなくなったものの、平成21年3月末までは運送手配をしていたと説明していました。

そのため、運送会社は、平成21年3月頃まで、事業規模を縮小しながらも運送事業を行っていたとみることができると、審判所は判断しました。

審判所は、運送会社の業務の実態だけでなく、納税者の運送事業に関する業務の実態についても検討しました。

納税者が、運送事業に必要な許可等を受けたのは、早くとも平成25年でした。納税者は、平成23年11月期までに、運送事業用の貨物自動車を資産として計上したことはなく、運送事業に関する費用を所得から減らしたこともありませんでした。

納税者が、運送会社が使用していた貨物自動車を譲り受けたこともありませんでした。納税者が、運送会社から運送事業を譲り受けたことや、平成23年11月期までに他の業者に運送業務を委託したこともなかったのです。

また、納税者が発行した運送業務に係る請求書などの証拠も存在しませんでした。

したがって、審判所は、納税者が平成23年11月期までに運送事業を行っていたと認めることはできないと判断しました。

そうすると、運送会社名義の銀行口座への振込みのうち、納税者の売上であるとされたもののほとんどが、納税者のものではないことになります。そのため、この銀行口座は、納税者が事業のために使用していた預金口座ではないと判断したのです。

そこで、審判所は、更正をすべき理由がないという通知をする処分を取り消して、納税者を勝たせました。

納税者が用いた武器

本件において、納税者が用いた武器は、自分の説明と違う客観的な事実です。

争点は、運送会社名義の銀行口座の入金額が、納税者と運送会社のどちらのものかでした。

税務当局は、納税者の代表者が、税務調査においてこの銀行口座に振り込まれている売上は納税者のものだと説明していたことを重視しました。

この説明を拠り所に、納税者は、運送会社が休業したことを利用して、取引先にこの銀行口座に売上代金を振り込むよう指示し、納税者の売上を除外したものと主張したのです。そうすると、この銀行口座の入金額は、納税者のものということになります。

審判所は、審理の結果、納税者の代表者が、そのような説明をしていたことは認めました。もっとも、この説明の背景には、運送会社が、金融機関からの借入金の返済や滞納国税の納付を履行できないまま事実上倒産したという事情があったからであろうと理解を示しました。また、運送会社が、平成21年8月期以後の法人税の申告をしていなかったという事情もあったのではないかと考えました。

他方で、審査請求中に明らかになったこの銀行口座への運送料の振込状況などの客観的な事実は、税務調査における代表者の説明とは食い違っていると判断しました。

そのため、審判所は、税務調査における代表者の説明は信用できないとして否定し、客観的な事実関係に沿って、この銀行口座への入金額は運送会社のものであると判断しました。

このように、自分の説明と違う客観的な事実を武器に、銀行口座への入金額は運送会社のものだという事実を決めたことが、本件の勝因といえます。

税務当局としては、納税者の代表者の説明を鵜呑みにしてしまい、裏付けとなる事実と照らし合わせて代表者の説明を検証するのが不十分だったということになります。

税務当局が、法人税の申告書を修正することを求めたところ、納税者が、いったんはこれに応じたことから、十分な検証をしないまま税務調査が終わってしまったのかもしれません。税務当局は、納税者から更正の請求がなされ、事実を再検討する機会もありましたが、結果として、納税者の請求を認めませんでした。

もっとも、更正の請求は、税務当局自身が処理します。そうすると、既に税務調査を行った税務当局としては、どうしても事実を見直すことに及び腰になってしまうかもしれません。

しかし、審査請求をすると、審判所は、第三者の立場で十分に時間をかけて審理をします。納税者の代表者による税務調査時の説明だけを拠り所とすることはありません。関連する客観的な事実との整合性も検証したうえで、事実を決めていきます。

そのため、税務調査における自分の説明とは食い違う客観的事実であったとしても、審査請求の中で裏付けを示せれば、それが事実と判断されます。

納税者としては、税務調査で、真実とは異なる説明をしないことが大切です。一度、真実とは異なる説明をしてしまうと、それをベースに税務当局の内部における検討が進んでしまいます。それゆえ、真実とは異なる事実を前提に申告の修正を求められるリスクがあります。

納税者としては、真実とは異なる事実を前提とする申告の修正に応じないことも大切です。これに応じてしまうと、その後、更正の請求をしたとしても、本件のように請求が否定されることになりかねません。

その後、審査請求をして、審判所により正しく事実を決めてもらえることもありますが、裏付けが不十分と判断されれば、結果として、主張が認められないかもしれません。

もっとも、実際には、納税者が税務調査で真実と異なる説明をしてしまうこともあります。その要因は、納税者側にある場合もありますが、税務当局側にある場合もあります。

税務当局のほうで、税金を増やす処分ができるようなストーリーを作ってしまい、納税者に対しそれに沿う方向での説明を求めるようなこともないとはいえません。

もし真実とは異なる説明をしてしまったとしても、真実を裏付ける客観的な事実があれば審判所が認めてくれる可能性があることは、知っておきましょう。

第⑬話

経営の実態を武器とした事例

国税不服審判所裁決平成30年5月7日

納税者が行った取引

第13話の納税者は、同族経営の会社です。

納税者の取締役は、代表者とその実の弟の2名のみです。納税者の発行済の株式数は2万株で、代表者が1万5000株を保有しており、弟が5000株を保有しています。

弟は、平成17年3月に、納税者の取締役に就任し、現在までその地位にあります。平成22年3月期以降においては、「取締役専務」という肩書の使用を許されていました。

弟は、平成21年10月から平成28年3月までの間、納税者名義の預金口座から小切手を振り出すことにより、カネを勝手に引き出して個人的に使い込んでいました。

弟は、カネの引出しに際し、納税者の当座預金の残高を減らし、現金の残高を増やすような経理処理をしていました。その結果、帳簿上の現金残高が不自然に大きすぎる金額になってしまいました。

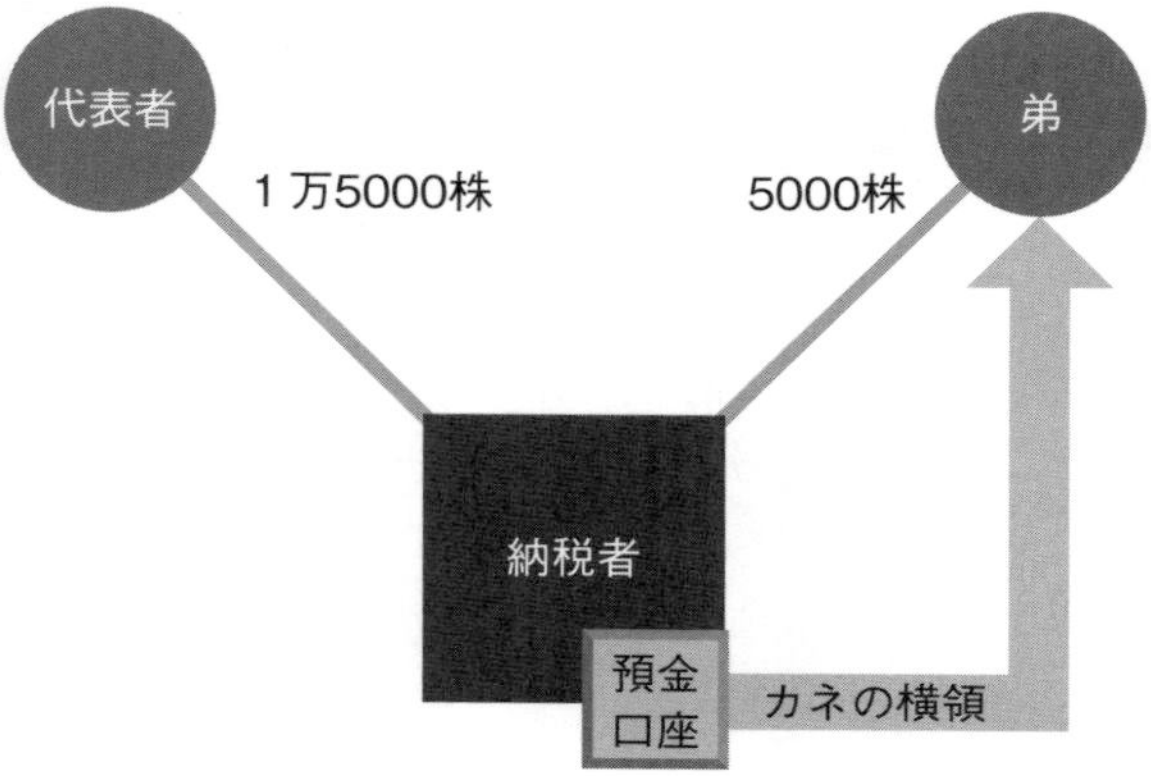

そこで、この現金残高を減らす目的で、現金残高の一部を納税者の別の預金口座に入金したとする架空の経理処理まで行っていました。

「どうもあやしいぞ？」

税務当局が税務調査を行うときは、予め納税者に対し税務調査を開始する日時・場所・目的・税目・対象期間などについて通知をすることが定められています。

しかし、もともと税務当局が把握していた情報から、予め納税者に知らせると税務調査の適正な遂行に支障が及びそうだと考えられるときは、別です。事前の通知をせずに、税務調査を開始することもできるのです。

税務当局は、おそらく弟の使い込みに関する情報を事前に察知していたのでしょう。平成28年4月に、あえて事前の通知をしないで納税者に対する税務調査に着手し、弟の不正行為を把握しました。

税務当局は、平成21年12月以降に引き出されたカネについては、実は、納税者が弟に対し給与として支払ったものといえるのではないかと考えました。

納税者は、前述のとおり、代表者とその弟のみが取締役となっている同族経営の会社です。しかも、弟は、代表者の実の弟であり、代表者とのつながりが強固であるように見えます。弟は、代表者に次ぐ取締役として、納税者の業務において影響力がありそうです。また、弟は、「取締役専務」の肩書で、経理と財務の総責任者を務めていました。

代表者は、当座預金の残高照合の確認作業すらしていませんでした。帳簿の不審点について、何らの追及もしていません。そのため、弟は、納税者の経理業務の重要な部分を任せられているように見えました。

したがって、弟は、その地位に基づいて、預金口座からカネという経済的な利益を支給されたのであって、そのカネは納税者が弟に支給した給与に該当すると税務当局は考えました。

税務当局が下した処分

「源泉徴収漏れがあるぞ！」

会社が従業員に対し給与を支払うときは、会社は、その支払の際に、その給与に課される所得税を徴収して国に納付するという源泉徴収をする必要があります。

したがって、もし納税者が弟に対し給与を支払っていたのだとすると、その支払の際に、所得税を源泉徴収すべきだったことになります。

しかし、納税者は、そもそも弟に勝手にカネを引き出されていたことを知りません。給与についての所得税の源泉徴収なんてできるはずがありません。

にもかかわらず、税務当局は、平成21年12月以降に引き出されたカネについて、納税者が弟に給与として支払ったものとして所得税を源泉徴収すべきであったと考えました。その分の所得税を納めるように納税者に告知する処分をしたのです。

また、納税者が、事実を「隠蔽又は仮装」し、その「隠蔽又は仮装」したところに基づき、源泉徴収すべき所得税を徴収して納付しなかったときは、税率が高い重加算税が課されます。

税務当局は、弟が帳簿上の現金残高を減らす目的で行った架空の経理処理を、納税者が自ら給与として支払った事実を隠蔽したものと同視しました。

そして、納税者が、不正行為によりカネを弟に対し給与として支払った事実を「隠蔽又は仮装」したと考えて、重加算税を課す処分をしました。

「俺は被害者だぞ！」

納税者は、まさか弟に勝手に引き出されたカネが給与に該当するとして、源泉徴収漏れを指摘されるとは思いませんでした。

もちろん、納税者が給与として支払った事実を「隠蔽又は仮装」したとして重加算税が課されるとは、考えてもみませんでした。

そこで、納税者は、審査請求に踏み切りました。

審査請求の中で、納税者は、弟は横領金を返還しなければならないので、弟には税金を負担するに値するような経済的な利益は存在しないと主張しました。

弟は、不正行為が発覚した後、納税者に対し既に横領金の一部を返還しており、今後もその残額を返還していく予定でした。弟には、横領金という経済的な利益は何も残らないはずだというわけです。

しかし、税務当局は、納税者が源泉徴収する義務は、納税者が経済的な利益を弟に支払ったときに成立し、確定するものであると反論しました。

そうすると、横領金が返還されるとしても、納税者が弟に勝手に引き出されたカネについて所得税を源泉徴収する義務を負っていることには、変わりがないことになります。

納税者は、代表権のない取締役がカネを横領した場合、納税者としてはその横領の事実を知りようがないとも主張しました。横領金に係る経済的な利益について所得税を源泉徴収しようにも、源泉徴収する機会が全くないというわけです。

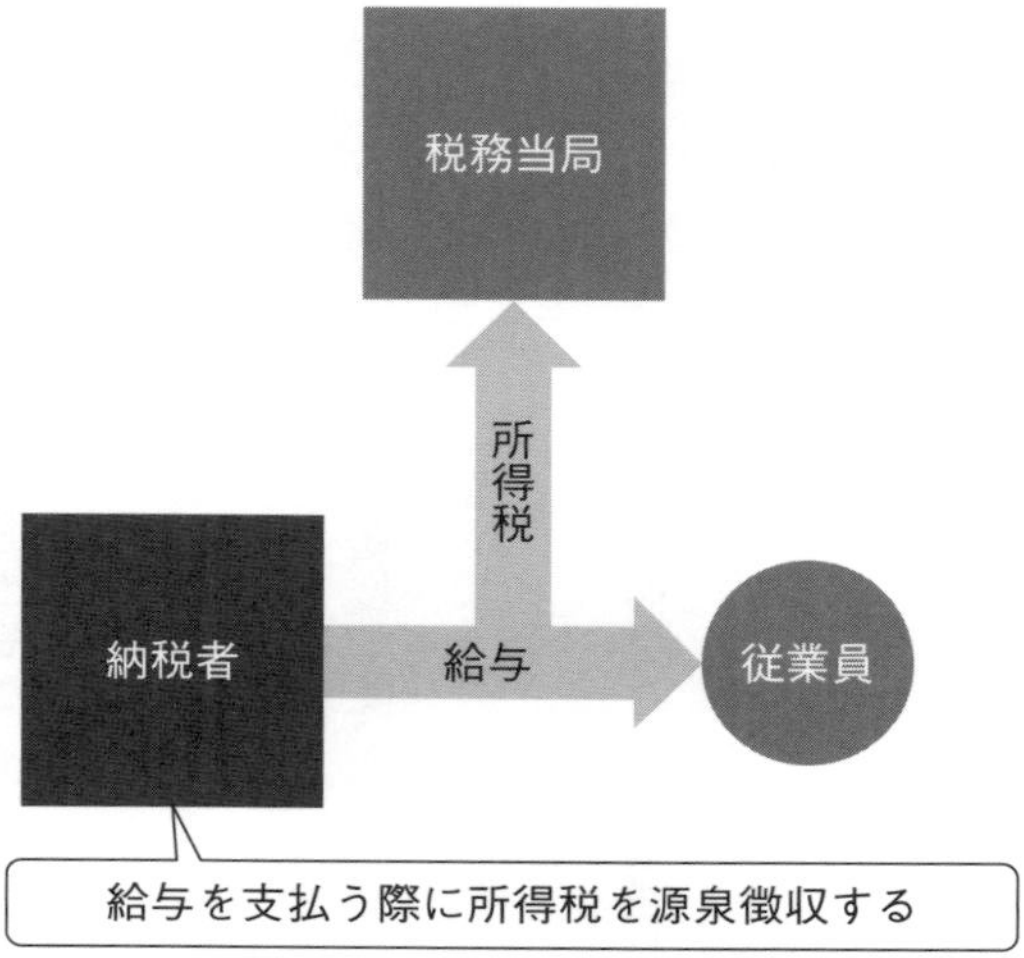
税務当局
所得税
納税者
給与
従業員
給与を支払う際に所得税を源泉徴収する

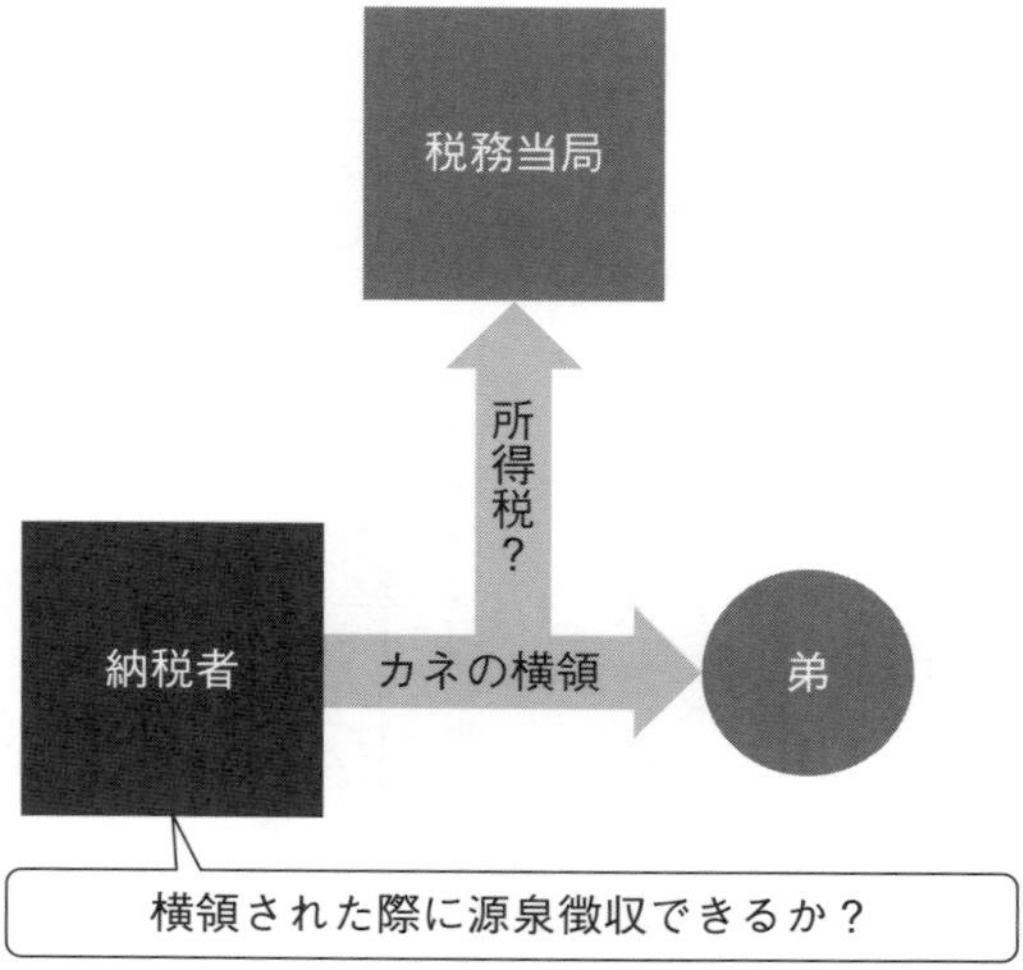
税務当局
所得税？
納税者
カネの横領
弟
横領された際に源泉徴収できるか？

しかし、税務当局は、支払われたものが給与とされる限りは、それを支払った者が給与に課される所得税を源泉徴収する義務を負うと反論しました。納税者が源泉徴収をすることが困難かどうかは関係ないというわけです。

審判所が示した判断

さて、審判所は、どう判断したでしょうか？

まず、会社が経済的な利益を給与として支払っていなくても、税務上は給与と取り扱われる場合があるという判断を示しました。

代表者などが会社経営の実権を掌握し、会社を実質的に支配している事情があるときは、外形的に給与として支払ったものでなくても、給与と取り扱うべき場合があるということです。

そして、代表者などが自分の権限を濫用してその会社の事業活動を通じて得た利益は、会社の資産から支出し、それをわがものにしたといえる場合は、給与と取り扱うべきと判断しました。実質的に、代表者などがその地位と権限に対して受けた給与になるというわけです。

しかし、もしその支出が代表者などの立場と全く無関係であり、会社からみて純然たる第三者との取引ともいうべき態様によるものであるといった例外的な事情がある場合は別です。その場合は、税務上その支出を給与と取り扱うべきことにはなりません。

次に、弟が納税者の経営の実権を掌握し、納税者を実質的に支配しているといえるかどうかを検討しました。

確かに、納税者の取締役は、代表者と弟のみでした。しかし、弟には納税者の代表権はなく、納税者の発行済株式の25%を保有しているにすぎません。

他方、代表者は、納税者の代表権を有しており、納税者の発行済株式の75%を保有しています。

したがって、弟は、法律上、単独で納税者の業務執行などを決定する地位にはなかったと審判所は判断しました。

また、弟は、代表者の実の弟であるとはいえ、弟が納税者の業務執行などを決定していたことを裏付けるような証拠もありませんでした。

納税者は、代表者が作成した書面を、審判所に提出していました。その書面には、代表者が納税者の全ての業務の責任を負っており、弟は納税者の従業員と変わりない職務しか担当していないと記載してありました。

また、納税者は、弟が作成した書面も、審判所に提出しました。そこには、弟の職務内容は経理担当の従業員と変わらないと記載されていました。

「納税者は小規模な同族経営の会社であり、代表者が弟の所属する部署を直接に統括する立場にあったので、代表者と弟が作成した書面は、あながち不合理とはいえないのではないか」

審判所は、そう判断したのです。

そして、これらの書面の記載に照らすと、代表者が、弟に対し納税者の業務執行などを決定することを明示的に許容していたとも、黙認していたとも、直ちにはいえないと判断しました。

そうすると、弟は、法律上納税者の業務執行などを決定する地位にあったとはいえず、事実上もそのような地位にあったことを裏付ける証拠はないことになります。

そこで、弟が納税者の業務において影響力を有していたとはいえないと判断しました。そして、弟がそのような影響力を有していない以上、納税者が給与として支払っていないものが、税務上給与と取り扱われることはないと結論づけました。

その結果、所得税を納めるように納税者に告知した処分は取り消されました。もちろん、これに併せて、重加算税を課す処分も取り消されました。

納税者が用いた武器

本件において、納税者が用いた武器は、納税者自身の経営の実態です。

争点は、弟が納税者の経営の実権を掌握し、納税者を実質的に支配している事情があったかどうかでした。

もしこれがあれば、弟が勝手に預金口座から引き出したカネは、納税者が給与を支出したものとして、給与に課される所得税を源泉徴収すべきことになります。

税務当局は、弟が、税務調査において、「経理・財務の総責任者は私です」と説明していたことを拠り所に、弟が納税者の経営の実権を掌握していたと主張しました。

しかし、弟がいうところの「経理・財務の総責任者」の意味は、弟の説明からは必ずしも明らかではありませんでした。

つまり、弟は、単に「経理・財務の総責任者は私です」と述べただけで、具体的にどのような権限を有し、どのような業務を行っていたのかというような説明はしていませんでした。

そうすると、弟は、納税者の行った取引に係る経理処理の入力やチェックを行い、その取引に係る支払の一部を行っていたという程度のことはいえるかもしれません。しかし、弟が納税者の経理・財務に係る重要な業務を行っていたとまではいえないといわざるを得ないと審判所は判断したのです。

税務当局は、代表者が納税者の当座預金の残高照合について弟に任せており、自らは確認作業を行っていないという事情があることを指摘しました。代表者が、帳簿の不審点について弟を強く追及しなかったという事情も指摘しました。

しかし、審判所の判断は変わりませんでした。そのような事情は、弟に対する管理監督が不十分であったことを示すものとはいえても、弟に対し経理業務の重要な部分を任せていたことを示すものとまではいえないと判断したのです。

つまり、税務当局としては、自らの主張を立証するために証拠を提出しようにも、税務調査における弟のあいまいな説明くらいしか材料がなかったことになります。

弟が具体的にどのような権限を有し、どのような業務を行っていたかということについては、税務当局は証拠を集め切れていませんでした。

他方、納税者は、審判所に対し、代表者と弟が作成した書面を提出し、自らの経営実態を詳細に説明しました。そして、その経営実態は、納税者の小規模な同族経営の会社という状況からすると、決して不自然とはいえないものでした。

そのため、税務調査の段階における弟のあいまいな説明しか拠り所がない税務当局の主張と比較すると、説得力があったわけです。

このように、自分の経営の実態を武器に、弟は納税者の経営の実権を掌握していなかったという事実を決めたことが、本件の勝因といえます。

もともと、納税者の代表者は、弟が勝手に預金口座からカネを引き出して使い込んでいたこと自体知らなかったわけで、いってみれば被害者です。

にもかかわらず、税務当局からは、弟が納税者の経営実権を掌握していたものと勘違いされてしまいました。

さらには、弟が行った架空の経理処理についてまで、納税者が隠蔽工作をしたかのように捉えられ、重加算税まで課されてしまいました。

代表者にしてみると、到底納得のできない処分であったでしょう。

しかし、代表者は、納税者の経営の実権を掌握しているのは、実際には弟ではなく、自分であることを一番よく知っていました。

そのため、代表者は、自分がどのような権限を有していて、どのような業務を行っているかということを、審判所に対して具体的かつ詳細に説明することができました。

納税者自身の経営の実態が争点となった場合は、納税者の主張が真実である限り、審査請求では納税者に有利な議論を展開しやすいといえるでしょう。

第⑭話

ビジネス上の目的を武器とした事例

国税不服審判所裁決平成30年5月31日

納税者が行った取引

第14話の納税者は、2月決算の同族経営の会社です。

納税者の代表者は、納税者の発行済株式の20％を保有しており、代表者の長男が残りの80％を保有しています。また、納税者の代表者は、飲食会社の代表者も兼ねており、飲食会社の発行済株式の全てを保有していました。

納税者は、19億円の借入金を有していました。しかし、平成23年2月期の事業年度において、債権者から借入金を免除されました。

納税者は、この借入金が消滅したことにより、返済が不要となった19億円分に相当する収益を計上し、それを所得に加えて法人税を申告する必要が生じました。

飲食会社は、平成22年9月、会社分割により承継会社を新たに設立し、納税者の代表者が承継会社の代表者も兼ねることになりました。そして、飲食会社は、飲食業以外の全ての事業に

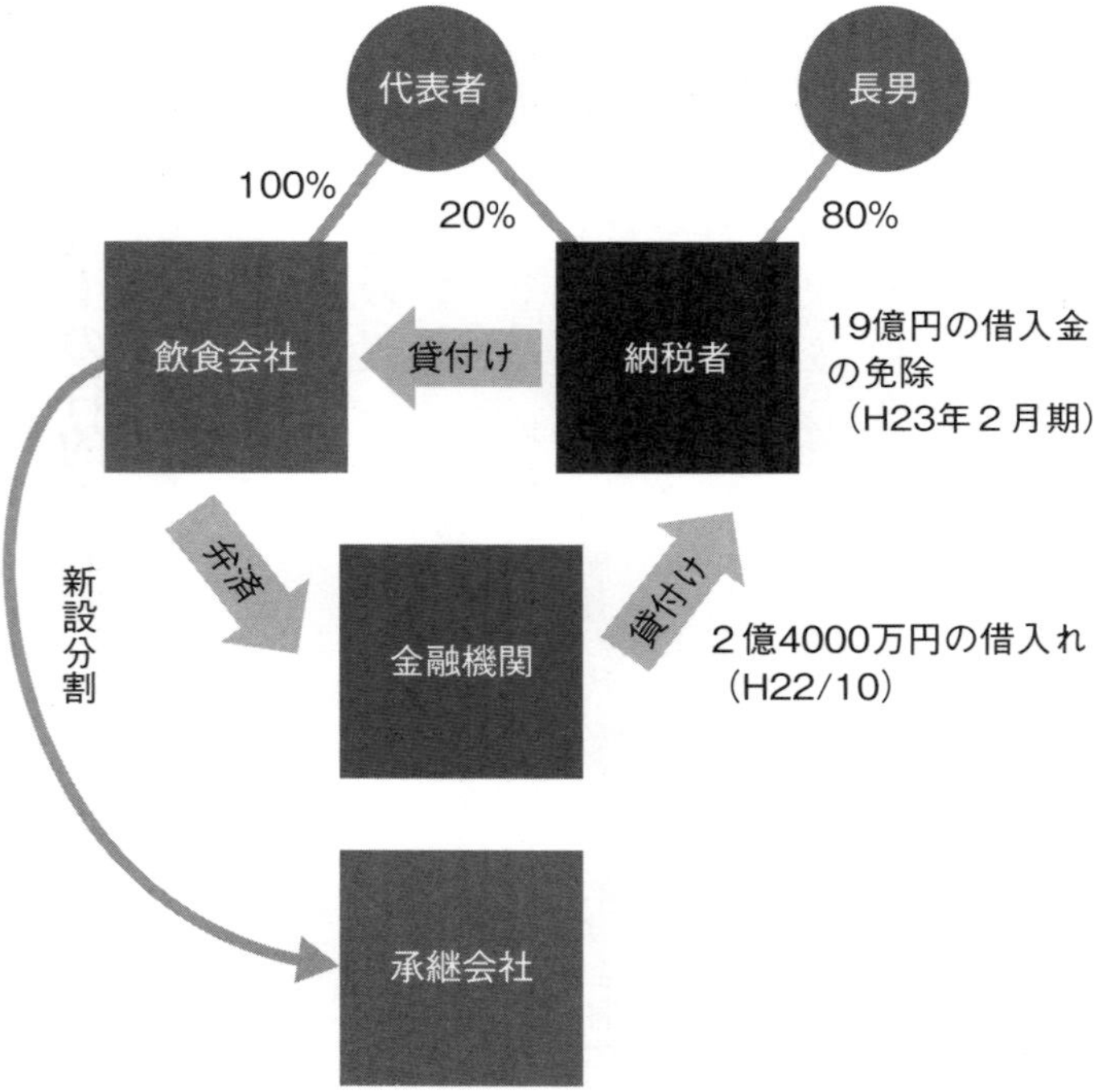

関する権利と義務を承継会社に承継させて、同月に解散しました。

納税者は、平成22年10月に、金融機関から2億４０００万円を借り入れて、飲食会社に同額を貸し付けました。飲食会社は、その納税者からの借入金により、金融機関に対する債務を弁済しました。

飲食会社は、平成23年2月、経営破綻した会社のための特別な清算を開始することを裁判所に申し立てました。裁判所は、同月に、特別な清算の開始を決定しました。

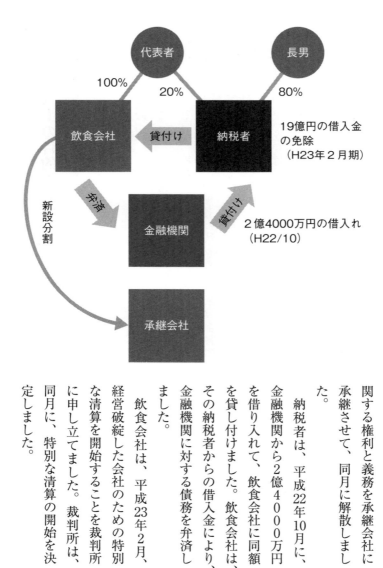

納税者は、同年4月に、飲食会社との間で和解契約を締結し、上記の貸付金2億4000万円を含む債権を放棄しました。

そして、飲食会社に対する貸付金を含む債権が貸倒れになって損失を被ったとして、平成24年2月期の所得から貸倒れになった債権の金額を減らして、法人税の申告をしました。

「この貸倒れの損失は認められない！」

税務当局は、納税者の所得から貸倒れの損失を減らせるかどうかを調べました。

親会社が子会社の解散に伴い子会社のために債権を放棄したときは、常に親会社の所得から債権放棄による損失を減らせるとは限りません。

債権放棄をしなければ今後より大きな損失を被ることが常識的に明らかだったというようなもっともな理由がなければ、所得から債権放棄による損失を減らすことが制限されます。これは、親子会社間の債権放棄だけでなく、兄弟会社間の債権放棄についても同様です。

税務当局は、納税者の飲食会社に対する貸付金の債権放棄には、このようなもっともな理由がないと判断しました。

そこで、納税者に対し、平成24年2月期の所得から貸付金の債権放棄に係る損失を減らすことを制限し、納付する法人税を増やすべきだと指摘しました。

本事例の流れ

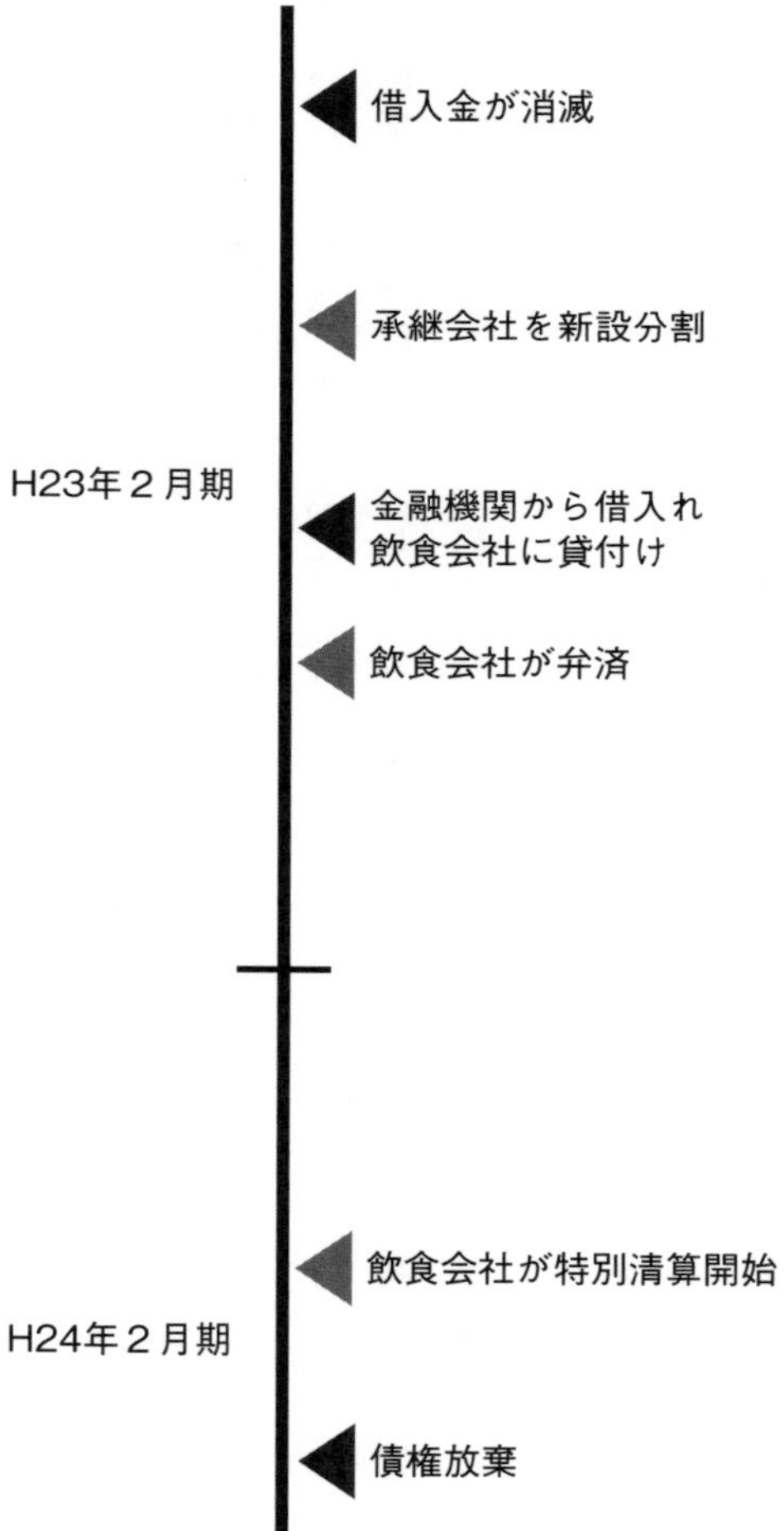
借入金が消滅
承継会社を新設分割
H23年２月期
金融機関から借入れ
飲食会社に貸付け
飲食会社が弁済
飲食会社が特別清算開始
H24年２月期
債権放棄

納税者は、平成29年4月に、税務当局の指摘に従い、納付すべき法人税を増やす方向で申告書を修正しました。

税務当局が下した処分

「税金逃れを狙っていただろう！」

納税者が、いったん提出していた法人税の申告書を修正したことにより、納付すべき法人税が増えたときは、法人税を少なく申告していたとして加算税が課されます。

また、法人税の計算のベースとなるべき事実を「隠蔽又は仮装」し、その「隠蔽又は仮装」したところに基づいて申告書を提出していたときは、さらに税率が高い重加算税が課されます。

重加算税を課すためには、納税者による少ない所得の申告そのものが「隠蔽又は仮装」にあたるというだけでは不十分です。申告そのものとは別に、「隠蔽又は仮装」といえる行為が存在し、これに合わせて少ない所得が申告されたことが必要です。

ただ、当初から少なく所得を申告することを意図し、その意図を外部からもうかがい得る特別な行動をしたうえ、その意図に基づいて少ない所得が申告されていればよいとされています。その場合は、重加算税を課すことができるのです。

納税者は、債務の返済が不要になったために生じた19億円分の収益に課税されることとなり、納税資金の資金繰りに困っていました。それで、課税を避けるために飲食会社の整理を検討していたという事情がありました。

そのため、税務当局は、当初から少なく所得を申告することを意図していたと考えました。

また、単に少なく所得を申告することを意図していただけでなく、飲食会社の整理という、外部から見てもその意図が分かるような特別な行動をしたと理解しました。そのうえで、その意図に基づいて少なく所得を申告したものと考えたわけです。

それゆえ、納税者は、法人税のベースとなるべき事実を「隠蔽又は仮装」し、その「隠蔽又は仮装」したところに基づいて申告書を提出したものとされてしまいました。

そこで、税務当局は、平成29年4月に、納税者に対し重加算税を課す処分をしました。


「それは納得できない！」

納税者は、税務当局の求めに応じ、法人税の申告書の修正には応じましたが、事実を「隠蔽又は仮装」して申告書を提出していたとして重加算税まで課されるとは、想定外でした。

そこで、納税者は、審査請求に踏み切りました。

納税者の審査請求に対し、税務当局は次のように答弁しました。

まず、納税者は、債務免除による収益への課税を避けるため飲食会社の整理を検討していました。

また、飲食会社は、会社分割により、承継会社に対して飲食業以外の全ての事業に関する権利と義務を承継させたうえで、飲食業を開始することなく会社分割の2日後に解散しました。

さらに、飲食会社は、解散したときの法人税の申告書に添付された貸借対照表には、保有する固定資産の価格を5億6000万円と記載していました。

にもかかわらず、飲食会社は、債務超過を装うため、特別な清算を開始する申立書においては、同じ固定資産の価格を意図的にゼロ円と計上していました。

そして、納税者は、飲食会社の特別な清算を可能にするために、飲食会社の金融機関に対する債務を全て肩代わりしていました。

このような事情からすると、飲食会社の整理は、当初から少なく所得を申告するという意図が外部から見ても分かるような特別な行動にほかならないと、税務当局は主張したのです。

審判所が示した判断

さて、審判所は、どう判断したでしょうか？

まず、納税者の当初の申告が、事実を「隠蔽又は仮装」したところに基づくものといえるかどうかについて、次のような基準を示しました。

当初の申告における所得が少なかった原因は、債権放棄による損失について、本来は所得から減らすことが制限されるのに、制限されないとして申告した点にありました。

そのため、債権放棄による損失を所得から減らすのが制限されると認識していたといえない限り、当初の申告は事実を「隠蔽又は仮装」したところに基づくものとはいえないとしました。

次に、審判所は、兄弟会社の間で債務を肩代わりしたときでも、もっともな理由がある場合は、債務の肩代わりにより被った損失を所得から減らすのは制限されないことを確認しました。

そして、もっともな理由の有無は、兄弟会社の経営成績が悪いなど、放置した場合には今後より大きな損失を被るかどうか、また、債務の肩代わりを行った者がこれを行うことにもっともな理由があるかどうかといった事情を総合して判断すべきとしました。

つまり、多額の収益に対する課税を避けるために飲食会社の整理をしたとしても、それだけで肩代わりにより被った損失を所得から減らすのが制限されることはないというわけです。

それゆえ、審判所は、課税を避けるために飲食会社の整理を検討したことをもって、直ちに、損失を所得から減らすのが制限されることを認識していたとはいえないと判断しました。

さらに、審判所は、飲食会社の経営状態について審理しました。

そして、飲食会社は、遅くとも会社分割が行われた事業年度の3期前の事業年度以後、実質的には債務が資産を超過する状態にあったと判断しました。つまり、飲食会社の経営状態は、実際に悪いものであったということです。

審判所は、飲食会社の経営悪化により納税者が受ける影響についても審理しました。

納税者は、飲食会社が債務を返済できない場合に備えて、納税者が経営するパチンコ店の建物と敷地を担保として提供していました。

そのため、もし飲食会社の経営が悪化して債務の支払が滞った場合には、担保とされた建物と敷地が競売にかけられるなどして、パチンコ店の経営ができなくなる虞《おそれ》がありました。

したがって、飲食会社の経営悪化により、納税者自身の経営が悪影響を受ける可能性も否定できなかったことになります。

加えて、飲食会社は、会社分割の行われた事業年度の前々事業年度において、債務の元本および利息として、当該事業年度の営業利益額の半分近い金額を支払っていました。

つまり、飲食会社が債務の肩代わりをしてもらうことは、飲食会社の整理・再建に寄与するものであったといえます。

「これらの事情からすると、飲食会社の債務を肩代わりして債権放棄を行うことにはもっともな理由があるので、債権放棄により被った損失を所得から減らすのは制限されない……」

納税者は、このように認識していた可能性もありました。

したがって、審判所は、納税者が行った当初の申告は、事実を「隠蔽又は仮装」したところに基づくものとはいえないと判断し、重加算税を課す処分を取り消しました。

納税者が用いた武器

本件において、納税者が用いた武器は、税務以外のビジネス上の目的です。

争点は、納税者が、債権放棄による損失を所得から減らすのが制限されることを認識していたかどうかでした。

税務当局は、要するに、納税者が債権放棄による損失を所得から減らすことのみを目的として飲食会社の整理を行ったと主張しました。

また、税務当局は、飲食会社が、特別な清算の開始の申立書において、保有する固定資産の価格を意図的にゼロ円と計上して債務超過を装ったとも主張しました。

しかし、納税者は、経営状態の悪い飲食会社を整理・再建することによって、飲食会社の経営悪化による納税者の不利益を避ける目的も有していた可能性がありました。

また、債務超過を理由として特別な清算を申し立てる場合、申立書には時価により評価した資産の額を記載することになります。

飲食会社の飲食業に係る固定資産である建物附属設備や工具器具備品は、解散時においてほぼ無価値でしたから、ゼロ円と評価することは不自然とはいえません。

そうすると、納税者は、税金を減らすために意図的に飲食会社の債務超過を装ったとまではいえないでしょう。また、飲食会社の経営悪化による納税者の不利益を避けるためという、合理的なビジネス上の目的から飲食会社の整理を行ったと考える余地もありました。

それゆえ、審判所は、納税者は債権放棄による損失を所得から減らすのが制限されないと認識していた可能性があると判断したわけです。

このように、ビジネス上の目的を武器に、債権放棄による損失を所得から減らすのが制限されると認識していたとはいえないという事実を決めたことが、本件の勝因といえます。

税務当局は、納税者が税金を減らす目的で取引を実行したことを裏付ける証拠を拾い集め、実質的にそのような目的のみから取引を実行したことを理由に処分をすることがあります。

「納税者が、税金を減らすことのみを目的に取引を行うのは許せない……」

そういう感覚が、税務当局にはあるのでしょう。

税務当局は、審判所や裁判所に対し悪質な納税者であることを印象づけるために、ことさらに納税者が税金を減らす目的のみから取引を実行したことを強調することさえあります。

しかし、納税者に税金を課すためには、予め定められた税金のルールによる必要があります。いくら納税者が税金を減らすことを目的としていたとしても、税金のルールに従って税金を納めればそれで足りるはずです。

税金を減らす目的があることそれ自体は、本来、非難されるべきではありません。

もっとも、納税者が取引を行った理由をさらに掘り下げていくと、税金を減らす目的の他に、合理的なビジネス上の理由があることもあるでしょう。そして、もしビジネス上の理由があるのであれば、それを裏付ける証拠もあるはずです。

他方、税務当局は、税金を減らす目的の有無に関する調査に気をとられ、ビジネス上の理由があることについては、十分な調査をしていないことが多いのではないでしょうか。

納税者としては、税金を減らして何が悪いと開き直っても良いのですが、ビジネス上の理由があるのであれば、それを主張したうえで、その裏付けとなる証拠を挙げていくと、より効果的に反論することができます。

第Ⅳ章

争えば税務はもっとフェアになる

全14話の税務の冤罪ドラマは、いかがでしたか？

「納めるべき税金を1円でも減らしたい……」

「取れる税金を1円でも増やしたい……」

税務の冤罪ドラマには、そんな納税者と税務当局の怒りや不満が渦巻いています。

決して、無味乾燥な計算式で、機械的に税額が決まるような話だけではありません。むしろ、生々しい人間の感情があらわになるような話ばかりだったかもしれません。

納税者は、税務の冤罪ドラマにおいて、実にさまざまな武器を用いていました。

財産編では、分別管理、財産管理メモ、債務の支払を拒否する理由、契約解除に関するルール、税務調査に協力的な態度、税務の素人であること、税務申告の経緯を武器としていました。

取引編では、取引の相手方のご協力、後出しジャンケン、契約書の定め、ビジネスモデル、自分の説明と違う客観的事実、経営の実態、ビジネス上の目的を武器としていました。

そして、これらを武器に争点となっている事実を決めたことが、勝因となっていました。

そうです。審査請求は、本当に事実で決まるのです。

また、税務の冤罪は、実際に審査請求で減らせるのです。

税金のルールに、納税者が取得した財産や行った取引などに関する事実をあてはめると、税務当局の取り分である税金の有無・納期・金額が決まります。

その意味で、税務当局は、納税者の財産や取引などに関する隠れた当事者といえます。

当事者である税務当局としては、少しでも税務当局に有利になるように納税者の財産や取引などに関する事実を決めて、1円でも多くの税金を取ろうとするのは、当然のことです。

それは、日本の財政が厳しい状況にあるからだけではありません。

税務当局は、単に相手方であるだけではなく、私たち自身の代表者でもあるからです。

つまり、私たち自身が、自分以外の誰かから1円でも多くの税金を取り、ひいては、自分の負担割合を減らすことを（本音では）望んでいるからにほかなりません。

えっ、そんなことは望んでいないですって？

もし、税務当局が、自分以外の誰かに対する税務調査に手心を加えていると知ったら、皆さんは怒りませんか？

でも、自分に対する税務調査については、きっと話は別でしょう。

まさに相手方である税務当局が、相手方に有利になるように自分の財産や取引などに関する事実を決めてくるわけですから、相手方がレフェリーを兼ねているようなものです。

相手方にフェアな判断を期待するのは、土台、無理があります。

では、どうすれば、フェアに事実を決めることができるのでしょうか？

もとより、真実を知っているのは神様だけです。

神様ではない人間としては、真実を取り巻く周りの状況から推測するしかありません。立場によって、当然ながら、事実の見え方も変わってきます。

そこで、登場するのが、審判所に対する審査請求です。審判所という第三者のレフェリーが、双方の言い分を聞いて判断する仕組みです。

もちろん、審判所も神様ではありません。

しかし、相対立する当事者が、何が正しい事実なのかを精一杯議論して、そのうえで、第三者のレフェリーが説得力のあるほうに軍配を上げることにすれば、きっと真実に近づけるでしょう。

少なくとも、より中立的で、より透明性の高い手続で、より明確に、そして何よりも、より公正に税務に関する事実を決めることができます。

すなわち、よりフェアに事実を決めることができるのです。

それが、古くから事実の争いを解決してきた人間の知恵ではないでしょうか。

念のためですが、私は、納税者にむやみに争うことを勧めるものではありません。

税務当局の指摘が正しいのであれば、それに従って税金の申告を修正すべきです。指摘が間違っているとしても、戦える武器があるかどうか、よくよく検討すべきです。

納税者に勝ち目もないのにやみくもに審査請求をするのは、時間と費用の無駄遣いです。勝ち目があるかどうか見極めることが最も重要です。

しかし、勝ち目があるのであれば、審査請求をすることをためらう必要はありません。納税者がよりフェアに事実を決めたいのであれば、審査請求をするべきです。

「審査請求をして税務当局と争ったら、今後の税務調査で報復されるのではないか……」

納税者が不安に思う気持ちは分かります。

でも、実際にはそんなことはできません。納税者が審査請求をして争ったことを理由に、税務当局が報復することはできないのです。

そのような報復は、税務当局に認められた権限を超えた行為だからです。

逆に、納税者が争うべき点をきちんと争う姿勢を見せれば、税務当局にも、唯々諾々と指摘に応じる相手ではないことが伝わります。

むしろ、裏付けが不十分なまま納めるべき税金が少ないと指摘されるようなことがなくなり、今後の税務調査は、納税者にとってよりフェアなものになるでしょう。

そして、税務の冤罪をさらに減らすことができるでしょう。

〈表4　米国の審査請求の件数〉

年度	審査請求件数	伸び率	終結件数	期末係属件数
2014	113,608件	△7.7%	115,472件	57,373件
2015	113,870件	0.2%	117,673件	52,969件
2016	114,362件	0.4%	111,345件	55,284件
2017	103,574件	△9.4%	107,114件	51,428件
2018	92,430件	△11.8%	94,832件	49,567件

（米国内国歳入庁ホームページ上のデータを元に著者が作成）

本書の第I章で、日本の審査請求の件数を紹介しました。

最後に、ご参考までに、米国の統計を見てみましょう。

米国の内国歳入庁の統計データによると、米国の審査請求（Appeal）の件数は、２０１６年には、なんと１１４、３６２件に達しました。年によって多少の変動はあるものの、ここ５年の平均件数も約１０７、５６９件です（**表4**）。他方、日本における審査請求のここ５年の平均件数は約２、５３５件です。

彼我の差は、ざっと42倍にのぼります。

もちろん、日本と米国とでは、税金の仕組みも社会の環境も大きく違います。日本と米国における審査請求の件数を単純に比較するのは、適切ではないでしょう。

しかし、それにしても、日本の審査請求の件数は少ないと思いませんか？　最近増えてきているとはいえ、そもそも審査請求の件数の絶対量が少なすぎます。

果たして、日本には、税務当局を相手にフェアに議論ができる仕組みがあると本当にいえるのでしょうか。

そんな疑問さえ湧いてきます。

日本でも、税務をもっとフェアにするための手続の入口である、審判所に対する審査請求をさらに普及させる必要があるのではないでしょうか。

あえて、もう一度申し上げましょう。

「争えば税務はもっとフェアになる」

…もっと詳しく知りたい方へ

私は、税務をもっとフェアにするために、日本において審査請求をさらに普及させることを目指しています。

その一環として、「争えば税務はもっとフェアになる」をテーマに、随時、オンライン相談会を開催しています。

オンライン相談会をご希望の方は、fairtaxlaw@gmail.comまでお知らせください。税務をもっとフェアにしたい方とお会いできる日を、楽しみにしています。

また、税務をもっとフェアにするための情報を、随時発信しております。ご関心のある方は、https://twitter.com/fairtaxlawをご覧ください。

なお、本書中、意見にわたる部分は私の意見であり、私が所属する法人の公式見解ではありません。

また、本書には、説明の便宜上、裁決例の事実関係を単純化した部分や、私の想像により補足した部分があり、あえて厳密な用語を用いていない箇所もあることにご留意ください。

●著者略歴

北村 豊（きたむら ゆたか）
弁護士・税理士・ニューヨーク州弁護士。

税務をもっとフェアにするために、毎日、税務調査対応・審査請求・税務訴訟の争い方を指南しています。税額ベースで100億円を超える減額を勝ち取ったこともあります。長島・大野・常松法律事務所（2000～2009年）、金融庁（金融税制室課長補佐。2009～2012年）を経て、日本には税務と法務が協働する本格的なプラットフォームがないことに気づきました。

「それなら、自分でプラットフォームを作ろう」

そう考えて、EY税理士法人（2012～2013年）を経て、2013年に日本初のBIG4系法律事務所としてEY弁護士法人をゼロから立ち上げて、仲間を集めました（2013～2017年）。その後、デロイト トーマツ税理士法人（2017～2020年）を経て、現在はDT弁護士法人のパートナーを務めています。京都大学法科大学院非常勤講師（税法事例演習。2010～2015年）も務めました。

[著作]

税務と法務に関し、多数の論考を発表しています。

最近の論考として、「マンション販売業者の消費税の仕入税額控除」『国税速報』6599号、「合併による事業の移転及び継続は未処理欠損金額の引継要件となるか」『国税速報』6577号、「長期割賦販売に係る利息相当額の法人税法上の取扱い」『国税速報』6565号、「暗号資産の譲渡により生じた所得の所得区分」『国税速報』6563号、「弁護士意見書のその先へ―反論書の協働作成という道」『税務弘報』2019年７月号、「租税判例速報：同族会社の行為計算否認―グループ法人税制外しと認定された事例」『ジュリスト』1503号などがあります。

争えば税務はもっとフェアになる

冤罪は減らせる

2020年7月15日　第1版第1刷発行
2020年11月15日　第1版第2刷発行

著者　北村　豊
発行者　山本　継
発行所　㈱中央経済社
発売元　㈱中央経済グループパブリッシング

〒101-0051　東京都千代田区神田神保町1-31-2
電話　03（3293）3371（編集代表）
03（3293）3381（営業代表）
http://www.chuokeizai.co.jp/
印刷／三英印刷㈱
製本／誠製本㈱

＊頁の「欠落」や「順序違い」などがありましたらお取り替えいたしますので発売元までご送付ください。（送料小社負担）

ISBN978-4-502-35591-2　C3034